AF629705

CAMPER-GLÜCK

DIE SCHÖNSTEN

FAMILIEN-CAMPINGPLÄTZE in Deutschland

Corinna Harder

BRUCKMANN

Inhalt

RHEINLAND-PFALZ & SAARLAND

BADEN-WÜRTTEMBERG

BAYERN

Endlich angekommen!

Vorwort

WER MIT SEINER RASSELBANDE gern an der frischen Luft ist und eine Mischung aus Action und Erholung sucht, ist beim Camping genau richtig! Dabei muss niemand in die Ferne schweifen, denn familienfreundliche Campingplätze gibt es in nahezu jeder Region Deutschlands.

Doch was macht einen Campingplatz zu einem Ort für die ganze Familie? Ein farbenfrohes Klettergerüst? Ein weitläufiger Strand? Eine abwechslungsreiche Animation? Da die Bedürfnisse der Mitreisenden meist sehr unterschiedlich sind, ist das gar nicht so leicht zu beantworten. Für den Fünfjährigen ist die Natur selbst vielleicht der abenteuerlichste Spielplatz. Die vier Jahre ältere Schwester freut sich über Swimmingpool und Trampolin. Remmidemmi am Tag und Party bis weit in die Nacht muss es hingegen für die Teens sein. Und die Eltern? Die sind dankbar, wenn sich der Nachwuchs wohlfühlt. Eine Sauna, ein Whirlpool und ein bisschen Ruhe zum Entspannen wären aber auch ganz nett …

Egal, ob lang geplante Urlaubsreise oder spontane Sause am Wochenende: Damit alle auf ihre Kosten kommen, sollte für jeden etwas geboten sein. Es gilt also, möglichst viele Wünsche unter einen Hut zu bringen. Am Ende sind es oft Kleinigkeiten, mit denen Top-Plätze punkten: die regionale Lage, schattige und geräumige Standplätze, großzügige Spielflächen, saubere Familienbäder, Gaststätten mit kinderfreundlicher Speisekarte oder ein sich lohnendes Ausflugsziel.

Seite für Seite gilt es nun, die schönsten Orte zu entdecken. Bewährt. Naturnah. Alternativ. Oder ganz anders. So unterschiedlich die nachfolgend vorgestellten Campingplätze auch sein mögen, haben sie doch eines gemeinsam: Sie alle freuen sich auf Familien, sie freuen sich auf Sie!

Herzliche Grüße
Corinna Harder

Startklar für die All-in Happy Family Woche

↑ Für die Kleinen sind die Ponys das Größte.

↓ Das Spiel mit Wasser macht zu jeder Jahreszeit Spaß.

1 Pippi, Lotta und die wolligen Rasenmäher

Camper-Glück, …

WEIL Naturerleben manchmal auf vier Beinen daherkommt

FÜR alle, die Tiere mögen

DIE 3 MUST DOS: Streichelzoo, Baden, Strand

TIERE SIND FÜR KINDER etwas Besonderes. Sie bringen sie zum Lachen, schaffen Selbstvertrauen und sind ein anschmiegsamer Freund. Im Camping & Ostseeferienpark Walkyrien gibt es genau aus diesem Grund einen Streichelzoo. Hier können kleine Gäste die Ponys Opa Jonny, Marie und Thamino, die Zwergziegen Pippi und Lotta, die wolligen Rasenmäher Mecki und Blacki sowie eine ganze Schar gackernder Hühnerdamen kennenlernen. Wer Lust hat, hilft bei der Pflege und Fütterung der Tiere. Klar, dass sich die Vier- und Zweibeiner jederzeit über eine extra Portion Kuscheln freuen.

Der mehrfach ausgezeichnete Campingplatz ist eine echte Institution. Bereits in dritter Generation wird hier den Gästen der Aufenthalt mit liebevoller Rührigkeit versüßt. Die jungen Besucher erwartet nicht nur ein vielfältiges Animationsprogramm, es stehen auch jede Menge Spielgeräte zur Verfügung. Für große Sprünge sorgen Trampolin und Hüpfburg. Teens finden auf dem Sportplatz schnell neue Freunde.

Das Meer ist nicht weit – nach knapp 250 Metern trifft man auf den naturbelassenen Strand. Hier kann man herrlich Baden, Wassersport betreiben oder ausgiebige Strandspaziergänge unternehmen. Saison ist von Ende März bis Ende Oktober.

Camping & Ostseeferienpark Walkyrien · Strandweg 99
23730 Schashagen (OT Bliesdorf-Strand)
Tel. 04562/67 87 · camping-walkyrien.de
GPS: 49.06839, 12.913513

2 Auf dem Sonnendeck der Ostsee

Camper-Glück, …

WEIL Wasser-Action Spaß macht

FÜR Abenteurer & Schatzsucher

DIE 3 MUST DOS: Hansa-Park, Karl-May-Festspiele, Zoo Arche Noah Grömitz

WER WELLENRAUSCHEN HÖREN und frische Meeresluft schnuppern möchte, fährt nach Grube! Auf dem Rosenfelder Strand Ostsee Camping kann man herrlich die Zeit verbringen. Je nach Wind und Wetter findet man den Naturstrand verändert vor: Mal kommt er etwas sandiger, mal etwas steiniger daher. Hier lässt sich prima in der Strandmuschel relaxen und der Blick auf die Ostsee genießen. Wer nicht nur auf der faulen Haut liegen möchte,

Der salzige Geruch des Meeres liegt in der Luft.

kann Action von früh bis spät haben. Während der Ferienzeit wird ein vielseitiges Animationsprogramm geboten, Spiel- und Sportplätze laden zum Auspowern ein. Ein Trampolin lässt die Kids vor Freude in die Luft gehen und ein Abenteuerwald bietet auf drei Hektar unerschöpfliche Möglichkeiten – aber auch ruhige Rückzugsgelegenheiten für Vogel- und Naturfreunde. Ein Highlight ist der liebevoll gestaltete Wasserspielplatz am Waldrand. Große Gäste testen ihre Zielsicherheit beim Bogenschießen oder werden mit Nordic Walking und Step-Aerobic fit.

Abends trifft sich die ganze Familie am Lagerfeuer zum Stockbrot-Event.

Geführte Fahrradtouren oder Treckerfahrten in die Natur machen mit der näheren Umgebung bekannt. Die Erlebnis-Seebrücke Heiligenhafen ist ein cooler Hotspot für Insta-Shots. Sehen und gesehen werden – ihr wisst schon ...

Rosenfelder Strand Ostsee Camping · Rosenfelder Strand 1 · 23749 Grube
Tel. 04365/97 97 22 · rosenfelder-strand.de
GPS: 54.265984, 11.072271

Die Wasserlaufbälle lässt sich niemand entgehen.

↑ Am Ostseestrand ist gute Laune vorprogrammiert.

↓ Blauer Delfin gegen schwarzen Hai – Wasseraction im beheizten Pool.

3 Aktiv, aktiver, am aktivsten

Camper-Glück, …

WEIL es hier den 360-Grad-Meerblick gibt

FÜR sportbegeisterte Aktivurlauber

DIE 3 MUST DOS: Silo Climbing, Surfen, Segeln

WER ZUM SILO-CLIMBING AUF FEHMARN aufbricht, sollte schon einen gewissen Mut mitbringen. 40 Meter – immer senkrecht nach oben – gilt es zu erklimmen. Derjenige, der es geschafft hat, kann mit Fug und Recht behaupten, mit den alten Silotürmen die höchste Toprope-gesicherte Kletteranlage Europas gemeistert zu haben.

Wulfen ist eine kleine Ortschaft im Süden der Insel. Zwischen dem Burger Binnensee und der Ostsee beherbergt sie den größten Campingplatz Fehmarns: Der Camping- und Ferienpark Wulfener Hals bietet sich für alle als Ziel an, die mit ihren Kindern einen Aktivurlaub am Wasser planen. Eine abwechslungsreiche Animation – eine Mischung aus Kreativität, Sport und Abenteuer für alle Altersgruppen – lässt die Zeit nicht lang werden. Wassersportler finden in der hiesigen Segel- und Surfschule schnell Anschluss. Ein Highlight ist das Surf-Festival, das im Mai zum Auftakt der Saison startet. Mit zwei Stränden kommt kein Badeurlauber zu kurz. Eine Skate-Anlage sowie ein Reiterhof erweitern das sportliche Angebot. Auch der einzige Golfplatz der Insel ist dort zu finden. Zu Fuß ist es nicht weit bis zum höchsten Punkt des Erholungs- und Naturgebiets: Die Aussichtsstelle bietet einen herrlichen Blick über Fehmarnsundbrücke und Küste.

Camping- und Ferienpark Wulfener Hals · Wulfener-Hals-Weg 100
23769 Fehmarn (OT Wulfen) · Tel. 04371/862 80 · wulfenerhals.de
GPS: 54.405043, 11.177886

4 »Sie haben Ihr Ziel erreicht!«

Camper-Glück, …

WEIL hier die angenehme Qual der Wahl das Freizeitangebot bestimmt

FÜR alle, die gerne mit Meerblick campen

DIE 3 MUST DOS: Drachen steigen lassen, Angeln, Boot fahren

EINGERAHMT VON FELDERN abseits der Straßen liegt der Campingplatz Klausdorfer Strand direkt an der Steilküste. Vom Wohnmobil aus ist es dann auch tatsächlich nur ein Katzensprung ans Wasser. Mit der Ostsee vor der Tür ist der Platz ein beliebtes Angelrevier. Wer abtaucht, entdeckt das Meer von seiner vielleicht schönsten Seite: Ein einzigartiges Ökosystem wartet! Der traumhafte Naturstrand ist flach abfallend und somit ideal für Kinder geeignet. Jugendliche toben sich beim Wind- und Kitesurfen aus oder schwingen sich auf Wasserski und Wakeboard. Lust, mit dem Motorboot einmal ordentlich Gas zu geben? Hier geht's! Ein mitgebrachtes Boot kann auf der platzeigenen Slipanlage zu Wasser gelassen werden.

Vor dem großzügigen Platz mit 450 Standplätzen befindet sich eine große Spielwiese mit direktem Blick aufs Meer. Es macht Spaß, den eigenen Drachen hoch am Himmel zu sehen. In der Hauptsaison gehört ein tägliches Animationsprogramm zum Angebot.

Da sich Fehmarn ideal zum Radfahren eignet, gibt es Fahrräder, E-Bikes sowie Dino Cars im Verleih. Ein SB-Markt und ein ausgezeichnetes Restaurant runden das Angebot ab. Für den perfekten Ausklang eines gelungenen Urlaubstages sorgen eine Sauna mit Meerblick, ein Whirlpool sowie Wellnessanwendungen.

Camping Klausdorfer Strand · Klausdorfer Strandweg 100
23769 Klausdorf · Tel. 04371/25 49 · camping-klausdorferstrand.de
GPS: 54.458207, 11.272921

↑ Lagerfeuer und Stockbrot am Strand gefallen der ganzen Familie.
↓ Ein toller Bade-Spot mit feinem Sand ist der Klausdorfer Strand.

↑ Je nach Laune und Geschick sind die coolsten Sprünge angesagt.
↓ Rauf aufs Brett, rein in die See: SUP ist lässiger Trendsport.

5 »Kiek mol in!«

Camper-Glück ...

WEIL es hier fast schon eine Sonnenscheingarantie gibt

FÜR Sonnenanbeter & Strandlover

DIE 3 MUST DOS: Bernstein schleifen, FehMare, Leuchtturm Staberhuk

NICHT SCHNACKEN, CAMPER für die Ostsee packen! Die Insel Fehmarn lockt als sonnenreichste Region Deutschlands an ihre Strände. Auf ihrer Südseite liegt das Insel-Camp, das neben »Sonnenschein satt« auch feinkörnigen Sand und den weiten Blick aufs Meer zu bieten hat. Vom Camper bis zum weitläufigen, flach abfallenden Strand sind es dann auch nur ein paar Meter.

Hutschen, fangen spielen und Drachen steigen lassen ... Ohne Probleme lässt sich die komplette Urlaubszeit im Insel-Camp verbringen. Die Familie erwartet Fünf-Sterne-Komfort: Die exklusive Ausstattung des Platzes lässt den Aufenthalt zu einer genussvollen Auszeit werden. In der Hauptsaison gibt es Angebote für jede Altersgruppe, angefangen bei Bewegungsspielen über geführte Wanderungen bis hin zu kreativen Kursen wie Malen oder Bernsteinschleifen. Für wanderfreudige Gäste empfiehlt sich ein ausgedehnter Spaziergang zur Erlebnis-Badewelt FehMare oder zum Ferienzentrum Südstrand mit seinen vielen Kureinrichtungen und Aktivitäten. Auch die Steilküste Staberhuk mit ihrem historischen Leuchtturm und den bizarren Felsenformationen ist zu Fuß bequem erreichbar.

Die Standplätze sind geräumig – da findet jeder Wohnmobilist seine Wunschecke. Geöffnet von April bis Oktober.

Insel-Camp Fehmarn · Zum Meeresstrand 100 · 23769 Meeschendorf
Tel. 04371/503 00 · inselcamp.de
GPS: 54.418228, 11.242505

6 Spitze, was hier geboten wird

Camper-Glück, ...

WEIL es hier Standplätze mit Panoramaseeblick gibt

FÜR Wasserratten & Leichtmatrosen

DIE 3 MUST DOS: Surfen, Segeln, Paddeln

WIE NENNT MAN EINE LAGE, die besser gar nicht sein kann? Richtig: Spitzenort! Zu den besten Lagen, die sich ein Campingplatz in Schleswig-Holstein wünschen kann, gehört ein Platz am Plöner See. Genau hier befindet sich Naturcamping Spitzenort. Gleich an drei Seiten vom Wasser umgeben, gibt es Wassersport satt – inklusive Bootsverleih. Der große Plöner See ist zudem nur eines von rund einem Dutzend Gewässern, die die Region so beliebt macht. Vis-à-vis liegt die Prinzeninsel, die zu Recht als ein Juwel der Holsteinischen Schweiz gilt. Wer sich einen Urlaubsort wünscht, der gleichermaßen zum Baden, Sporteln, Spazieren und Picknicken geeignet ist, kann ab sofort seine Suche einstellen. Der Campingplatz bietet seinen Gästen zudem ein so abwechslungsreiches Programm, dass man das Interesse an Zielen außerhalb ohnehin verliert. So offenbart sich der Spitzenort als wahres Glücksparadies für Kinder: Mehrere Spielplätze, ein großes Hüpfkissen und die Go-Karts zum Ausleihen sind bei Sonnenschein beliebt. Der Minigolfplatz, der beheizte Pool mit Wasserrutsche und die Badeinsel im See machen der ganzen Familie Spaß. Sollte mal eine steife Brise wehen, geht's ab ins Spielhaus zum Basteln, Spielen und Lesen.
In die Plöner Innenstadt gelangt man in 15 Gehminuten über einen idyllischen Uferweg. Saison ist von April bis Oktober.

Naturcamping Spitzenort · Ascheberger Str. 76 · 24306 Plön
Tel. 04522/27 69 · spitzenort.de
GPS: 54.147224, 10.398587

↑ Zum Toben auf dem See lädt das Badefloß.
↓ Camping am Wasser inmitten wunderschöner Naturlandschaft.

↑ Ausgiebiges Schafebeobachten am Deich ist auch mit Hund möglich.
↓ Das Wasser des Schwimmteichs wird naturnah ohne Chemie aufbereitet.

7 Watt'n Glück hier zu sein

Camper-Glück ...

WEIL sich hier die Natur elementar erleben lässt

FÜR lustige Nixen, wilde Piraten & kreative Sandburgenbauer

DIE 3 MUST DOS: Meer, Schwimmteich, Wattwanderungen

WER EINMAL EINEN SEEHUND bei seiner Mittagsruhe beobachten konnte, weiß, wie echte Entspannung aussieht. Kein Wunder also, dass bereits der Name »Nordseecamping zum Seehund« darauf hindeutet, dass auf diesem Campingplatz alles im Zeichen der Entschleunigung steht.

Die Nordseeküste ist geprägt von Wind und Wellen und endlosen Deichen. Direkt hinter einem solchen – inmitten des Nationalparks Schleswig-Holsteinisches Wattenmeer – liegt der »Seehund«. Wie für Küstenregionen typisch, herrscht hier Seeklima mit windigen Sommern und milden Wintern. Alle sechs Stunden wechseln sich Ebbe und Flut ab, sodass entweder das Watt erkundet oder gebadet werden kann. Die Natur spürt man hier elementarer und intensiver als beispielsweise an der Ostsee.

Ihren Bewegungsdrang befriedigen können Kinder mit Spielplatz, Bolzplatz und einer Hüpfburg. Das Animationsprogramm bietet aufregende Spiele und informative Führungen. Sollte das Meer einmal nicht infrage kommen, bleibt immer noch der Naturschwimmteich. Als besonderes Erlebnis, für alle, die gerne unter freiem Himmel schlafen und es trotzdem gemütlich haben möchten, bietet der Seehund »Schlafstrandkörbe« an. Fotos vom Sonnenuntergang für Ankiekbook nicht vergessen!

Nordseecamping zum Seehund · Lundenbergweg 4 · 25813 Simonsberg
Tel. 04841/39 99 · nordseecamping.de
GPS: 54.454914, 8.968105

8 Eine Welt aus Sand, Meer und Muscheln

Camper-Glück, ...

WEIL Wind und Wellen alle Sinne anregen

FÜR Muschelsucher & Freunde der nordfriesischen Karibik

DIE 3 MUST DOS: Strandgut-Hütten, Hängematte, Wolken schauen

DÜNENCAMPING AMRUM LIEGT – der Name verrät es schon – traumhaft in den Dünen. Kinder können wunderbar baden, überall geht es flach ins Wasser. Hier, inmitten des Naturparadieses »UNESCO Weltnaturerbe Wattenmeer«, lässt sich fabelhaftes Vier-Sterne-Camping erleben. Im Kids-Club wird gespielt, gebastelt und gemalt, es gibt Geschichten-Abende und Schatzsuchen. Dank Spielehaus gehen ungemütliche Tage schnell vorüber. Nicht vergessen: Rechtzeitig anmelden für eine Leuchtturm-Nachtführung!

Mit ein bisschen Glück lassen sich bei einem Spaziergang die Strandhütten von Amrum entdecken. Man stößt entweder per Zufall auf sie – oder übersieht sie ganz. Gebaut aus all den kunterbunten Dingen, die das Meer so angespült hat, macht es Spaß, sie zu erkunden und den eigenen Namen in den Gästebüchern zu verewigen. Hier am Kniepsand, auf der Westseite der Insel, gibt es auch eine riesige Hängematte. Sich hineinzulegen, in den Himmel zu schauen und dem Meer zu lauschen – einfach unbezahlbar. Karibik-Feeling pur! Am breitesten Sandstrand Nordeuropas sollte jeder einmal den eigenen Bauch in die Sonne gehalten haben.

Die nordfriesische Insel bietet dem Besucher derart viel Unterhaltsames, dass man eigentlich nur zu einem Schluss kommen kann: Amrum ist ein echter Glücksort.

Dünencamping Amrum · Inselstraße 125 · 25946 Wittdün
Tel. 04682/22 54 · camping-amrum.de
GPS: 54.629046, 8.366474

↑ Ein traumhafter Campingplatz inmitten des Naturschutzgebiets.
↓ Der Spielplatz liegt direkt vor der Wohnmobiltür.

↑ Sportliche Gäste können einen Surfkurs buchen.
↓ Zum Drachensteigen eignet sich die Ostseeküste ganz besonders.

9 Am liebsten mittenmang

Camper-Glück, …

WEIL dieser Platz umfassend ausgestattet ist

FÜR alle, die Strand und Meer satt wollen

DIE 3 MUST DOS: Tauchen, Surfen, SUPen

AM RANDE DER OSTSEE, auf der Halbinsel Schwansen, liegt die Gemeinde Waabs. Das ganze Gebiet ist – trotz der eher beschaulichen Ausmaße – aufgrund seiner Toplage ein echter Touristen-Hotspot. Ein Reiterhof, mehrere Sport- und Fun-Center, verschiedene Bäder, eine Wakeboard- und Wasserskianlage, Golfplätze und vieles mehr: Hier findet jeder sein Lieblingsziel. Doch warum überhaupt in die Ferne schweifen? Ostsee-Campingplatz Familie Heide bietet so viele Aktivitäten an, dass ein Ausflug ins Umland gar nicht notwendig ist.

Sowohl für Kids als auch für Teens gibt es ein umfangreiches Animationsprogramm, das wirklich jede Wetterlage abdeckt. Liebevolle Spielplätze (In- und Outdoor), eine kleine Schwimmhalle, ein Kino, die »Camper-Lounge« sowie eine (schallisolierte) Disco bieten einen bunten Strauß an Möglichkeiten. Über den eigenen, 500 Meter langen Strand muss man keine Worte verlieren – außer vielleicht: »Krass, wie lang so ein Beach sein kann!« Restaurants, Imbissbuden, Bars, eine Metzgerei und eine Bäckerei sorgen für das leibliche Wohl. Für diejenigen, die das angefutterte Polster wieder loswerden wollen, steht ein Fitnessstudio zur Verfügung.

Der Platz bietet 226 Standplätze und ist ganzjährig geöffnet. Denn man tau!

Ostsee-Campingplatz Familie Heide · Strandweg 31 · 24369 Waabs
Tel. 04352/25 30 · waabs.de
GPS: 54.530256, 10.004976

Freizeittipps in Schleswig-Holstein & Hamburg

Hamburg Dungeon
Kehrwieder 2, 20457 Hamburg
thedungeons.de/hamburg
Wahre Geschichten. Düstere Gestalten. Herrliche Action

Karls Erlebnis-Dorf Warnsdorf
Fuchsbergstr. 4, 23626 Warnsdorf
karls.de/warnsdorf/
Rustikaler Freizeitpark mit Traktorbahn, Streichelzoo und Spielplatz

SEA LIFE Timmendorfer Strand
Kurpromenade 5
23669 Timmendorfer Strand
visitsealife.de/timmendorfer-strand
Die magische Unterwasserwelt erleben

HANSA-PARK
Am Fahrenkrog 1, 23730 Sierksdorf
hansapark.de
Deutschlands einziger Erlebnispark am Meer

Zoo Arche Noah
Mühlenstraße 32, 23743 Grömitz
zoo-arche-noah.de
Leoparden, Luchse, Kängurus, Murmeltiere, Wasch- sowie Nasenbären und viele weitere Tiere in naturnah eingerichteten Anlagen

Ferien- und Freizeitpark Weissenhäuser Strand
Seestr. 1
23758 Weissenhäuser Strand
weissenhaeuserstrand.de
Das ganze Jahr Ostsee

Silo Climbing Fehmarn
Burgstaaken 50, 23769 Fehmarn
Tel. 04371/50 31 02, siloclimbing.de
Eine der höchsten Toprope-gesicherten Kletteranlagen Europas

Chocoversum by Hachez
Meßberg 1, 20095 Hamburg
chocoversum.de
Hamburgs Schokoladenmuseum

Karl-May-Festspiele
Freilichtbühne, Karl-May-Platz 1
23795 Bad Segeberg
Eine Kleinstadt wird zum Wilden Westen.

Banana-Boat-Action am Rosenfelder Strand.

Der Wulfener Hals zwischen Burger Binnensee und Ostsee.

10 Klares Wasser und ein Nationalpark

Camper-Glück, ...

WEIL es viel Raum für freie Entfaltung gibt

FÜR Wassersportler & Naturfreunde

DIE 3 MUST DOS: Streichelzoo, Minigolf, Dampferfahrt

VIEL WASSER IN MALERISCHER LANDSCHAFT – so lässt sich die Müritz, der größte Binnensee Deutschlands, mit wenigen Worten beschreiben. An deren seichtes Ostufer grenzt der Müritz-Nationalpark. Genau hier liegt der Campingplatz Ecktannen. Durch die naturbelassene Platzgestaltung hat jeder Gast die Möglichkeit, sich ein Plätzchen nach seinem Geschmack auszuwählen –

Der parkähnliche Platz erstreckt sich auf 17 Hektar.

entweder unter lichtem Baumbestand oder auf der sonnigen Wiese. Wer Lust auf einen spannend-entspannten Sport hat, ist beim Minigolf nur einen Abschlag entfernt. Die Anlage ist ein sympathischer Ort, an dem instinktiv jeder weiß, wie gespielt wird: Das Runde muss ins Runde und der Sieger bekommt am Ende ein Eis. Wem die 18-Loch-Bahn nicht genügend Adrenalinschub gibt, der schnappt sich ein Kanu. Oder wie wäre es mit einer Dampferfahrt? Wer mag, besucht die örtliche Surf- und Segelschule.

Neben einem großen Spielplatz gibt es einen Streichelzoo, der die Herzen der Kinder im Sturm erobert. Während der Ferienzeit im Sommer bietet eine professionelle Animation der ganzen Familie Gelegenheit, Neues auszuprobieren. Lohnende Ausflugsziele sind die Altstadt von Waren sowie das Naturerlebniszentrum Müritzeum. Der Platz ist ganzjährig geöffnet.

CampingPlatz Ecktannen · Fontanestraße 66 · 17192 Waren (Müritz)
Tel. 03991/66 85 13 · camping-ecktannen.de
GPS: 53.499807, 12.663197

↑ Bootsverleih am kleinen Steg – nur für Gäste des Campingplatzes
↓ Durch die Terrassen hat jeder einen guten Ausblick aufs Wasser.

11 Im Dunkeln ist gut munkeln

Camper-Glück, ...

WEIL es einen beeindruckenden Sternenhimmel gibt

FÜR Camping-Idyllisten

DIE 3 MUST DOS: Sterne gucken, Hängematte, Pfad der Wald- und Baumgeister

DAS LAND DER 1000 SEEN ist ein Paradies für Wassersportler. Auch wenn die Mecklenburgische Seenplatte in Wahrheit nur etwas mehr als 100 Seen zählen dürfte, ist der Plauer See unbestritten der drittgrößte unter ihnen. Naturcamping Zwei Seen liegt zwischen dessen Ostufer und dem Großen Pätschsee. Hier kann man den ganzen Tag über segeln, surfen oder paddeln. Oder einfach nur baden, relaxen und die Landschaft genießen. Wer seine Ferien direkt am oder auf dem Wasser verbringen will, findet hier den perfekten Ort!

Die Standplätze liegen idyllisch unter alten Bäumen oder auf sonnigen Wiesen. Da sich der Campingplatz auf einer Halbinsel befindet, verfügt er über fast 1000 Meter Uferlinie. So stehen viele Camper unweigerlich in erster Reihe zum See, der Rest genießt auf großzügigen Terrassen den Sonnenuntergang von weiter oben.

Naturcamping Zwei Seen beherrscht den Spagat zwischen naturbelassenem Dasein und den Annehmlichkeiten der Zivilisation. Nachts wird weitestgehend auf elektrisches Licht verzichtet – was zu einem atemberaubenden Sternenhimmel aufblicken lässt.

Im Umland gibt es eine Fülle von Aktivitäten: Streichelzoo, Kletterpark, Draisinenbahn, Sommerrodelbahn und Affenwald – um nur einige zu nennen.

Naturcamping Zwei Seen · Waldchaussee 2 · 17209 Zislow
Tel. 039924/290 18 · zweiseen.de
GPS: 53.446456, 12.310807

12 Hier spielt die Musik!

Camper-Glück, …

WEIL man ganz schön was auf die Ohren bekommt

FÜR musikalische Camper

DIE 3 MUST DOS: Live-Musik, Hochseilgarten, Nationalpark

CAMPING- UND FERIENPARK HAVELBERGE liegt direkt am Woblitzsee, der von der Havel durchflossen wird. Hier geschieht nicht viel – und genau das macht die Gegend so reizvoll. Wie wäre es also mit einer Runde SUPen oder einer ausgedehnten Kanuwanderung? Wer lieber festen Boden unter den Füßen hat: Der Müritz-Nationalpark liegt quasi ums Eck. Ein Garant für die vielfältigsten Sinneseindrücke. Dort lassen sich ornithologische und botanische Besonderheiten entdecken, seltene Tierarten ebenso wie geheimnisvolle Moorlandschaften. Das Wohnmobil parkt unterdessen auf weitläufigem Gelände im lichten Kiefernwald.

Wer nun Sorge hat, er könne am helllichten Tage vor Langeweile einschlafen: Für Jugendliche und Erwachsene werden spezielle Sport- und Veranstaltungsprogramme mit Exkursionen, Touren und Festivitäten angeboten. Ein erfahrenes Team sorgt zudem für eine bunte Kinderanimation.

Der Campingplatz bietet neben einem öko-gefilterten Badeteich mit Sandstrand und Piratenspielschiff, einem Restaurant mit Sonnenterrasse, einem Waldseilgarten, einer Sportwiese, einem Tipidorf und einer Trampolinanlage auch noch eine Showbühne! An den Sommerwochenenden werden Musicals und Live-Musik präsentiert – während man den Blick über den See schweifen lassen kann.

Camping- und Ferienpark Havelberge · An den Havelbergen 1
17237 Userin · Tel. 03981/247 90 · haveltourist.de
GPS: 53.305927, 12.999179

↑ Freundliche Schiffsübernahme: Alles klar zum Entern!

↓ Im Waldseilgarten warten vier verschiedene Parcours auf mutige Kids.

↑ Hier steht man direkt am See – mit einer echten Nachtruhe ab 22.00 Uhr.
↓ Manchmal muss man kleine Tricks anwenden, um weiterzukommen ...

13 »Hexen hassen Kinder …«

Camper-Glück …

WEIL es sich am Lagerfeuer mit der Familie kuscheln lässt

FÜR alle, die mehr wollen, als »nur« Camping im Wald

DIE 3 MUST DOS: Musikabende, Märchenstunden, Streichelzoo

»… SO GLÜHEND, DASS ES ZISCHT!«, weiß Kinderbuchlegende Roald Dahl. Auf dem NaturCampingplatz »Zum Hexenwäldchen« trägt niemand einen schwarzen Hut, fliegt auf einem Reisigbesen durch die Luft oder hasst Kinder. Wer hier Urlaub macht, steht mit seinem Camper zwar mitten im Wald, jedoch nicht neben einem windschiefen Hexenhäuschen. Mit dem Müritz-Nationalpark und dem Jamelsee vor der Wohnmobiltür ist ein vielseitiges Naturerlebnis gesichert. Durch den Wald streifen, auf Bäume klettern, im Moos wühlen … In den tiefen (Ur-)Wäldern und auf den umliegenden Seen lassen sich Tierbeobachtungen machen und die heimische Pflanzenwelt entdecken – zu Fuß bei einer ausgedehnten Wanderung oder mit Kanu oder Rad. Für so manches Großstadtkind ist das Gebotene ein Erlebnis, das es nur aus dem Fernsehen kennt. Vergesst Fun-Parks und checkt das!

Im Sommer wird ein vielseitiges Programm geboten: Neben Lagerfeuer-Musikabenden und täglicher Märchenstunde bietet das Hexenwäldchen die unterschiedlichsten Workshops für die ganze Familie. Wer Lust und Spaß an liebevoll und kompetent gestalteten Angeboten hat, ist hier richtig. Diejenigen, die ihre Zeit lieber in Ruhe und ohne fremdbestimmte Aktionen genießen, werden von all dem aber gar nichts mitbekommen …

NaturCampingplatz »Zum Hexenwäldchen« · Blankenförde 1
17252 Roggentin · Tel. 039829/20215 · hexenwaeldchen.de
GPS: 53.354423, 12.921907

14 Spaß am, auf und im Wasser

Camper-Glück, ...

WEIL nirgendwo sonst die »Vögel des Glücks« so schön tröten

FÜR Wassersportler & Naturbeobachter

DIE 3 MUST DOS: Kremserfahrt, Kiten, Wildpark Boek

ALLJÄHRLICH IM HERBST sammeln sich im Müritz-Nationalpark Tausende Kraniche vor dem Flug in ihre Winterquartiere. Schon von Weitem sind die trompetenartigen Rufe der »Vögel des Glücks« zu hören. Ein großartiges Natur-Spektakel!

Die Müritz liegt auf halber Strecke zwischen Rostock und Berlin und ist Teil der Mecklenburgischen Seenplatte. An deren Südostufer, inmitten eines Mischwaldes, liegt der Natur-Campingplatz »Bolter Ufer« C15. Der feine Sandstrand und das ausgedehnte Flachwassergebiet eignen sich ideal zum Baden mit Kindern. Aber auch Surfer, Segler und andere Wassersportler finden hier ideale Bedingungen. Es ist also nicht weiter verwunderlich, dass der Platz über eine eigene Surf- und Kanubasis verfügt. In Boek befindet sich zudem die einzige Kite-Zone auf der Müritz!

Bei strahlendem Sonnenschein wird die Wiese vor dem Camper zur Frühstücksterrasse. Während die Kinder barfuß herumtollen, lehnen sich die Eltern noch einmal entspannt zurück. Was könnte man heute unternehmen? Eine Kremserfahrt – eine Kutschfahrt im Zweispänner – gehört hier zu den traditionellen Touristenattraktionen. Oder es schwingen sich alle aufs Rad und erkunden die freie Natur. Denn die ist in und um Rechlin ganz besonders schön. Klingt nach perfektem Urlaub!

Campingplatz »Bolter Ufer« C15 · Am Müritzufer 1 · 17248 Rechlin
Tel. 039823/212 11 · camping-bolter-ufer.de
GPS: 53.375321, 12.768330

↑ In der Hängematte abchillen – dieser Ort ist hierfür wie geschaffen.
↓ Einfach den Tisch anstellen: Camper sind ein aufgeschlossenes Völkchen.

15 Naturbelassenes Camping-Idyll

Camper-Glück, …

WEIL schon die Lage von Zinnowitz einfach traumhaft ist

FÜR Meeresanbeter & Flaneure

DIE 3 MUST DOS: Dinopark, Seebrücke Koserow, Die Welt steht Kopf

REIF FÜR DIE INSEL? Lust auf Meer? Usedom ist ein echtes Wohlfühl-Wassersportparadies. Prima zum Runterkommen, Gesunde-Seeluft-schnuppern und Herrliche-Sonnenuntergänge-genießen. Sport treiben kann man natürlich auch – und das nicht zu knapp!

Der Familien-Campingplatz Pommernland schmiegt sich im Norden der Insel an eine Landzunge, die zwischen dem Achterwasser und der Ostsee liegt. Die unparzellierten Standplätze liegen im Küstenschutzwald nicht weit vom Strand. Hier ist naturnahes Camping angesagt, hier ist man eins mit der Natur. Alltag ade!

Der gut ausgestattete Platz bietet alles, was es vom Frühstück bis zum Abendbrot braucht – und darüber hinaus ein paar Nettigkeiten mehr. Es gibt liebevoll gestaltete Spielplätze sowie verschiedene Sportfelder und -geräte zum Ausleihen. Die Animation richtet sich an alle Gäste: Puppentheater, Basteln, Kino, Grillen und Wanderungen. Für schlechte Tage gibt es eine Bibliothek. Langeweile ist ab sofort keine Ausrede mehr!

Direkt auf dem Platz können Fahrräder gemietet werden. Das über 700 Jahre alte Zinnowitz – eines der schönsten Seebäder der Insel – lässt sich aber auch gut zu Fuß erkunden. Die Uferpromenade und die Tauchgondel sind ohnehin ein Muss.

Familien-Campingplatz Pommernland · Dr.-Wachsmann-Straße 40
17454 Ostseebad Zinnowitz · Tel. 038377/403 48 · camping-zinnowitz.de
GPS: 54.082490, 13.899039

Mit Vollgas zu neuen Freundschaften.

↑ Berühren ungefährlich! Ohrenquallen kommen häufig in der Ostsee vor.
↓ Der Tischkicker ist der heimliche Mittelpunkt im Campingpark.

16 Grandiose Aussichten

Camper-Glück, …

WEIL sich die Ostsee von oben betrachten lässt

FÜR Liebhaber des Seeblicks

DIE 3 MUST DOS: Wonnemar, Karls Erlebnisdorf, Zoo Rostock

MOIN! IN BASTORF WARTET DER BUK, Deutschlands höchstgelegener Leuchtturm, nur darauf, erklommen zu werden – wenngleich er mit seinen 20,8 Metern Höhe eher zu den kleinsten gehört … Nach 55 Stufen hat man den Aufstieg dann auch schon bewältigt und genießt den Blick auf die Ostsee!

Nicht weit weg liegt der familiär geführte »Camping Ostsee – Campingpark Rerik«. Hierher, zwischen Ostsee und Salzhaff, finden Urlauber das ganze Jahr. Gerade Wintercamper genießen die Ruhe, die sie während der kalten Jahreszeit vorfinden.

Das naturnahe Gelände des Platzes ist durch Bäume und Gebüsche in Parzellen geteilt. Sandstrand und die Steilküste sind nur einen kurzen Spaziergang entfernt – man sollte beides unbedingt antesten. Das Salzhaff mit seinem flachen und ruhigen Wasser ist eines der beliebtesten Surf- und Segelgebiete an der Ostsee.

Auf dem Platz gibt es neben einem Spielplatz auch ein eigenes Kino und eine Bibliothek. Ein Animationsprogramm mit wechselnden Abenteuern lässt keine Langeweile aufkommen. Mit Lagerfeuer und Stockbrot werden die Abende zu einer spannenden und abwechslungsreichen Urlaubserfahrung.

Ein Genuss ist die maritime Atmosphäre von Wismar. Sein Fischbrötchen sollte man stets gut festhalten: Auch Möwen fliegen drauf!

Camping Ostsee – Campingpark Rerik · Straße am Zeltplatz 8
18230 Rerik · Tel. 038296/757 20 · campingpark-rerik.de
GPS: 54.112360, 11.632579

17 Im Wald der Gespenster

Camper-Glück ...

WEIL es sich hier so schön gruseln lässt

FÜR Topcamper & Waldforscher

DIE 3 MUST DOS: Gespensterwald, Ostsee-Spa, 3-D-Kino

IMMER NACH OSTEN, immer am Meer entlang ... Irgendwann trifft man unweigerlich auf verdrehte, märchenhaft anmutende Bäume – den »Gespensterwald« von Nienhagen! Der ständig vom Meer her wehende Wind hat die bis zu 170 Jahre alten Laubbäume zu bizarren Geisterwesen verformt. Da hier fast keine Sträucher wachsen, inszeniert die Natur ein einmaliges Licht- und Schattenspiel: für Kinder ein besonders geheimnisvoller Ort, der unweigerlich die Fantasie anregt. Wenn Ömming und Öpping dann noch Gruselgeschichten zum Besten geben: Gänsehaut!

Familienferien im Campingpark Kühlungsborn sind ein Traum. Der teilweise naturbelassene Platz befindet sich am Ortsrand und besteht aus Dünen-, Wald- und Wiesenflächen. Lust aufs Meer? Bis zu dem kilometerlangen, vereinzelt mit Felsbrocken durchsetzten weißen Ostsee-Sandstrand sind es nur knapp 50 Meter. Der Platz wurde mehrfach für seine Familienfreundlichkeit ausgezeichnet, das Unterhaltungsangebot ist für alle Altersstufen entsprechend groß. Kids lieben insbesondere die Fackelumzüge, den Kinderzirkus oder die Zauberfeste.

Weil Seeluft bekanntlich hungrig macht, stehen dem Camper mehrere Restaurants, ein Imbiss sowie ein Back-Shop offen. Die Anlage bietet Platz für rund 550 Wohnmobile.

Campingpark Kühlungsborn · Waldstraße 1B · 18225 Kühlungsborn
Tel. 038293/7195 · topcamping.de
GPS: 54.151492, 11.719972

↑ Die Stellplätze sind nur wenige Meter vom Strand entfernt.
↓ In diesem Bad tauchen Kinder in eine Unterwasserwelt ein.

Riesenrutsche im Campingpark Kühlungsborn

Freizeittipps in Mecklenburg-Vorpommern

Tierpark Ueckermünde
Chausseestr. 76
17373 Ueckermünde
tierpark-ueckermuende.de
Der zoologische Garten am Stettiner Haff lädt zu einer Weltreise durchs Tierreich ein.

Zoo Rostock
Barnstorfer Ring 1, 18059 Rostock
zoo-rostock.de
Willkommen im »Besten Zoo Europas«

Karls Erlebnis-Dorf Rövershagen
Purkshof 2, 18182 Rövershagen
karls.de/roevershagen
Shoppen, staunen, Spaß haben

Wonnemar Wismar
Bürgermeister-Haupt-Str. 38
23966 Wismar
wonnemar.de/wismar
Erlebniswelt mit Schwimmbad, Sauna, Therme und Wellness – lass die Wonne rein!

Erholsame Stunden vor dem Elbdeich am Stover Strand.

↑ Am Elbstrand begeistern sich schon die Jüngsten für die Natur.

↓ Sommer-Camping-Idylle direkt vor der Schiebetür

18 Wo sich Storch und Biber moin sagen

Camper-Glück, ...

WEIL ein Bad in der Elbe etwas ganz Besonderes ist

FÜR Müßiggänger & Aktivurlauber

DIE 3 MUST DOS: Museumsbauernhof Wennerstorf, Schiffstour, Kletterpark

ENTLANG DER ELBE zwischen Hamburg und Amt Neuhaus zieht sich eine atemberaubende Seenlandschaft. Von alten Bäumen geschützt, gibt es zig traumhafte Badeseen mit weißen Stränden oder einladenden Holzstegen zu entdecken. Hält man ein bisschen Ausschau, finden sich auch Gewässer nur für Angler. Dort am Elbufer liegt Camping Stover Strand – ein kleiner Geheimtipp unter den Urlaubsorten. Hier lassen sich erholsame Stunden verbringen. Noch vor dem Deich, inmitten des Schutzgebietes, auf parkartig angelegtem Gelände, bieten unparzellierte Naturplätze einen direkten Zugang zum Elbstrand. Wen wundert es da, dass Storch und Biber in direkter Nachbarschaft leben? Gleich hinter dem Deich – im beschrankten Bereich des Campingplatzes – befinden sich die parzellierten Komfortstandplätze mit festem Untergrund und kleiner Rasenfläche. Über 350 Urlaubsplätze erstrecken sich so über die weitläufigen Flächen.

Ein Animationsprogramm beschäftigt die jungen Gäste, mit all den Freizeitmöglichkeiten wird sich niemand langweilen.

Eine Fahrradtour ist eine gute Möglichkeit, die wunderschöne Umgebung rund um Drage zu erleben – der beliebte Elberadweg führt direkt durch die Gemeinde. Die Lüneburger Heide ist nicht weit und Hamburg nur 25 Kilometer entfernt.

Camping Stover Strand · Stover Strand 10 · 21423 Drage
Tel. 04177/430 · camping-stover-strand.de
GPS: 53.424378, 10.295403

19 Magische (Ge-)Zeiten

Camper-Glück, …

WEIL das Wattenmeer ein echtes Highlight ist

FÜR Muschelsucher & Nordseekrabben

DIE 3 MUST DOS: Wattwanderung, Strandreiten, Planwagenfahrt

WO EBEN NOCH DAS MEER WAR, zeigt sich nach einiger Zeit Sand, so weit das Auge reicht … Auf einer Wattwanderung lässt sich viel über das Zusammenspiel von Ebbe und Flut herausfinden. Wer entdeckt als Erster einen Wattwurm? Ein großer Spaß! Nordsee-Camping Neuharlingersiel ist die ideale Ausgangsbasis für einen wunderbaren Urlaub an der ostfriesischen Küste. Der ganzjährig geöffnete Campingplatz mit 1100 Standplätzen liegt direkt hinter dem Deich am UNESCO-Weltnaturerbe Wattenmeer. Hier kann man getrost seinen Anker werfen! Zum Strand sind es nur wenige Meter. Dem Sprung in die Nordsee steht somit nichts im Wege – außer es herrscht gerade Niedrigwasser. Dann macht man es sich besser im Hafen des kleinen Fischerstädtchens gemütlich, guckt Kutter und schlürft dabei eine Tasse friesischen Tee. Auf dem Platz und drumherum gibt es ohnehin reichlich zu entdecken, für freche Piraten und lustige Nixen ist ausgiebig gesorgt. Ganz oben auf der Liste stehen Bootsfahrten, ob nun als Abenteuerfahrt »klar zum Entern« oder mit dem Ausflugsdampfer entlang der Nordseeküste. Das BadeWerk Neuharlingersiel, nur ein paar Gehminuten entfernt, garantiert entspannende Wellness auf höchstem Niveau – worüber sich die Erwachsenen am meisten freuen dürften.

Nordsee-Camping Neuharlingersiel · Alt Addenhausen 4
26427 Neuharlingersiel · Tel. 04974/18 89 00
neuharlingersiel.de/nordsee-camping
GPS: 53.699185, 7.694152

Ob Küstenkinder
oder Landratten – hier
stechen alle in See.

↑ Das SeeHuus Restaurant & Café lockt mit herrlichem Seeblick.
↓ Chillen am Natursee mit Liegewiese und drei Sandstränden.

20 Ein akuter Fall von Seekrankheit …

Camper-Glück …

WEIL man hier freiwillig offline sein will

FÜR Wildentschlossene

DIE 3 MUST DOS: Abenteuer-Spielplatz, Piratenbucht, Minigolf

… NUR OHNE MEER. Umarmt vom Naturpark Hasbruch und der Wildeshauser Geest, urlaubt man im Camping & Ferienpark Falkensteinsee in einer der schönsten Gegenden Norddeutschlands. Wie der Name bereits vermuten lässt, gehören Schwimmen, Schnorcheln, Tauchen, Baden, Planschen oder Faul-in-der-Sonne-Liegen zum täglichen Urlaubsprogramm. Man ist entweder am, auf oder im Wasser. Rund um den See verteilt, stehen die Wohnmobile auf großzügig gestalteten Plätzen, durch ein paar Hecken voneinander getrennt. Für die Kinder gibt es einen großen Abenteuerspielplatz sowie verschiedene Sportfelder. Beim Minigolf kommt die ganze Familienbande zusammen: Mit Blick auf den See macht das Einlochen gleich doppelt so viel Spaß. Wer wird gewinnen?
Die Seeterrassen laden bei schönem Wetter zum beschaulichen Verweilen ein. Cappuccino oder Latte Macchiato? Einen Milchkaffee, bitte! Restaurant und Café bieten zudem wechselnde Tagesgerichte, leckeres Eis und hausgebackene Kuchen. Im Restaurant mit Wintergarten kann der Seeblick bei jeder Witterung genossen werden. Hier finden sich auch Bücher, Gesellschaftsspiele und ein Fernseher … Das Umland lockt mit interessanten Zielen, zum Beispiel einem Kletterwald oder einem Reiterhof.

Camping & Ferienpark Falkensteinsee · Falkensteinsee 1
27777 Ganderkesee (OT Steinkimmen) · Tel. 04222/947 00 77
falkensteinsee.de
GPS: 53.046687, 8.463811

21 Wundertüte für Neugierige

Camper-Glück, …

WEIL echte Camping-Romantik geboten wird

FÜR kleine Piraten & kreative Sandburgenbauer

DIE 3 MUST DOS: Heide Park, Vogelpark Walsrode, Serengeti-Park

ZWISCHEN WÄLDERN UND WIESEN liegt der Fünf-Sterne-zertifizierte Campingpark Südheide. Viel Grün macht das weitläufige Gelände zu einem Place to be. Kinder können hier in unverfälschter Umgebung nach Herzenslust toben, klettern und immer neue Abenteuer bestehen. Neben einem hölzernen Piratenschiff laden Klettergerüst, Hüpfkissen, Bolzplatz, Volleyballfeld, Tischkicker und Tischtennisplatten zum Auspowern ein. Zur Hauptsaison sorgen Animateure für spannende Abwechslung.

Ein besonderer Wohlfühlplatz befindet sich am Heidefluss Örtze. Hier liegt man in Hängematte oder Strandkorb besonders bequem. Der kleine Sandstrand lädt zu Wasserfreuden im kühlen Nass ein. Ein kuscheliger Rückzugsort sind die etwas versteckten Baumschaukeln. Unter altem Geäst sanft hin und her schwingend, schweift das Auge über die weitläufigen Flussauen der Aller. Ein behagliches Eckchen für einen Sundowner! Wer seinen neuen Lieblingsplatz in der Nähe des Naturbadeteichs wählt, kann in den hübsch bepflanzten Bereichen Libellen und Lurche entdecken. Nach einem abwechslungsreichen Tag sorgt der Wellnessbereich für entspannte Momente.

Auf dem Birkenhof nebenan kann die ganze Familie Cowboy-Luft schnuppern und das Westernreiten ausprobieren.

Campingpark Südheide · Im Stillen Winkel 20 · 29308 Winsen/Aller
Tel. 05143/666 18 03 · campingpark-suedheide.de
GPS: 52.673138, 9.936541

↑ Der Reiterhof Birkenhof bietet Pferdeliebhabern großartige Erlebnisse.
↓ Badespaß im Natur-Schwimmteich – ohne Chemie und Chlor.

↑ Liebevoll angerichtete Frühstücksmenüs genießt man auf der Terrasse.
↓ Das NaturFreiBad bietet Bereiche für Schwimmer und Nichtschwimmer.

22 Öko? Logisch!

Camper-Glück, ...

WEIL nachhaltiger Campingurlaub purer Campinggenuss ist

FÜR grüne Camper

DIE 3 MUST DOS: Matschanlage, NaturFreiBad, geführte Kanutour

WELCHE EULE PASST AM BESTEN? Mit seiner ökologischen Betriebsführung sorgt das Uhlenköper-Camp dafür, dass seine Gäste die umgebende Natur unverfälscht erleben können. Die Stellflächen für Camper sind in gemütliche Gruppen aufgeteilt, jede trägt den Namen einer Eulenart. Die Betreiber beraten gerne, welche die richtige ist. Man steht auf festem, grasbewachsenem Untergrund, die Plätze sind mit heimischen Gehölzen eingefasst. Durch die überschaubare Größe des Geländes sind die Wege zu allen Freizeit- und Service-Einrichtungen nicht weit.

Wo Umwelt und Nachhaltigkeit im Vordergrund stehen, bedeutet Camping Freiheit pur und die Kinder haben viel Freude. Rutsche, Schaukel und Balancierbalken finden sich gleich neben Kletterbaumstamm und zwei Reckstangen: Der Naturspielplatz ist klein, aber fein. Besonders beliebt sind Sandkasten und Matschanlage. Das gut durchdachte Ferienprogramm beschäftigt von früh bis spät. Wer mit Kicker, Trampolin & Co. seinen Bewegungsdrang noch nicht befriedigt haben sollte, kann direkt hinter dem Campingplatz Gleichgesinnte zu einem Tennismatch herausfordern oder den Bolzplatz unsicher machen. Mit den neu gewonnenen Freunden, etwas Wasser hier und etwas Sand dort, gehen die Tage im Camp ohnehin viel zu schnell vorüber.

Uhlenköper-Camp · Festplatzweg 11 · 29525 Westerweyhe
Tel. 0581/730 44 · uhlenkoeper-camp.de
GPS: 52.999591, 10.517699

23 Von A wie Achterbahn bis Z wie Zombie

Camper-Glück, …

WEIL Geschwindigkeitsrausch süchtig macht

FÜR Drachenzähmer, Himmelsflieger & Wolkenspringer

DIE 3 MUST DOS: »Big 7« des Heide Parks, Peppa Pig Land, 5-D-Geisterjagd

ER IST DER ULTIMATIVE FREIZEITSPASS: Der Heidepark Soltau, nur wenige Hundert Meter vom Campingplatz Auf dem Simpel entfernt, stellt vermutlich das größte Event der Umgebung dar. Für Adrenalin-Junkies bietet Norddeutschlands größter Themenpark mit Europas höchster und schnellster Holzachterbahn »Colossos« oder dem Wing-Coaster »Flug der Dämonen« actionreiche Abenteuer. Interessant wird es, wenn der höchste Gyro-Drop-Tower der

Welt in die Tiefe fällt. Behalten Papa und Mama da die Nerven? Schließlich soll lachen ja gesund sein. Schreien aber auch … Kinder im Vorschulalter lieben das Peppa Pig Land und »Drachenzähmen – Die Insel«. Mit der ganzen Familie geht es dann in die legendäre Wildwasserbahn oder den Eiskanal der Bobbahn. Achtung vor den Zombies! Mit über 43 Fahrgeschäften, unzähligen gastronomischen Angeboten sowie einem bunten Rahmenprogramm, ist die Familienbande gut beschäftigt.

Doch auch wer seinen Aktionsradius lieber auf den auf einem 80 Meter »simplen« Berg gelegenen Campingplatz begrenzt, findet garantiert »sein Ding«. Mit vielseitigen Sport- und Freizeitmöglichkeiten für die ganze Familie sowie hervorragender Ausstattung lockt dieser in die Lüneburger Heide. Wie klingt Go-Kart auf der platzeigenen Rennstrecke? Zum Schwimmen geht man ins Freibad um die Ecke – der Zugang ist für Camper kostenfrei.

Campingplatz Auf dem Simpel · Auf dem Simpel 1 · 29614 Soltau
Tel. 05191/36 51 · auf-dem-simpel.de
GPS: 53.025310, 9.858504

Für Kinder gibt es einen schönen eingefriedeten Abenteuerspielplatz.

↑ Wie in den Tropen wachsen im »Südsee-Badeparadies« Palmen und Bananen.
↓ Der See mit Badebucht und Piratenschiff lädt zum Schwimmen und Toben ein.

24 Etwas Sand, Palmen und Bananen

Camper-Glück ...

WEIL es sich wie in südlichen Gefilden urlaubt

FÜR Wasserratten & Abenteurer

DIE 3 MUST DOS: Baden, Robin-Hood-Turnier, Dschungel-Golf

ES IST WEITHIN BEKANNT, dass in Norddeutschland andere Wetterbedingungen herrschen als in der Südsee. Wer in die Lüneburger Heide reist, kommt meist wegen weitläufiger Landschaften mit Krautgewächsen und Mooren. Einen Traumurlaub jenseits des Äquators hat man da wohl weniger im Sinn ... Es sei denn, man ist eine quirlige Familie und steuert gezielt das Südsee-Camp an. Schließlich hat der ganzjährig geöffnete Campingplatz einiges an Freizeitaktivitäten zu bieten – so gehört dessen subtropisches Badeparadies ganz sicher zu den größten Highlights. Dank Wildwasser-Canyon, Whirlpools & Co. wollen Kinder erst wieder aus dem Wasser, wenn die Haut so richtig schrumpelig geworden ist. Auch der große Badesee mit feinem Sandstrand eröffnet unzählige Möglichkeiten, Spaß am, auf und im Wasser zu haben.

Wer will, tauscht die Badehose mit einer Sporthose und klettert eine Runde im Hochseilgarten, lernt reiten oder Bogenschießen oder meistert die Dschungel-Golfanlage. Wem nach Trampolinspringen, Fahrradcross- und Skaterbahn, Fußball, Basketball, Beachvolleyball, Beachhandball und Tischtennis endlich mal nach ein bisschen Ruhe ist, der leiht sich ein Buch aus und hängt am Sandstrand ab. Südsee-Feeling pur – in der Lüneburger Heide! Aloha!

Südsee-Camp · Südsee Camp 1 · 29649 Wietzendorf
Tel. 05196/98 01 16 · suedsee-camp.de
GPS: 52.935329, 9.970212

25 Ein Paradies zum Glücklichsein

Camper-Glück, ...

WEIL Ruhe auf direkte Seelage und beeindruckende Natur trifft

FÜR aktive Familien, die es auch mal langsam angehen wollen

DIE 3 MUST DOS: Abenteuerwelt Germanenland, Kinderautoland, Fun Center

GLÜCKLICHE KINDER = ENTSPANNTE ELTERN. Eine Gleichung, die am Nordostufer des im Osnabrücker Land gelegenen Alfsee Ferien- und Erlebnisparks aufgeht. Ganzjährig geöffnet, ist er eine der besten Adressen für Familien.

Wohnmobile finden hier jede Menge Platz: Im »Sternengarten« steht man zwischen hohen Hecken und schattenspendenden Bäumen, im »Sonnengarten« campt man auf großzügigem, sonnengeflutetem Gelände. Ein Restaurant-Café mit Terrasse, ein Café-Bistro und ein Imbiss sind nicht weit. Zutaten für die Camper-Küche finden sich im Supermarkt.

Als direkter Nachbar lockt der Dubbelausee mit Strandbad, Liegewiese, Wasserspielplatz und drei Wakeboard- und Wasserskianlagen. Jüngere Kinder tummeln sich im Nichtschwimmerbereich, bauen Sandburgen oder fahren mit den Großen eine Runde Tretboot. Und nachher geht's zum Beachvolleyball oder auf den Soccer-Platz. Auch im Escape-Room ist immer etwas los – erst recht, wenn das Wetter mal nicht so mitspielt. Auf erholsame Zeitreise gehen Erholungssuchende in der germanischen Wellness-Welt.

Ein Besuch wert ist der Archehof mit Diepholzer Gänsen, Wollschweinen, Skudden, Poitou-Esel und anderen vom Aussterben bedrohten Haustierrassen. Lust auf ein Labyrinth? Das gibt's dort auch!

Alfsee Ferien- und Erlebnispark · Am Campingpark 10 · 49597 Rieste
Tel. 05464/92120 · alfsee.de
GPS: 52.485645, 7.990555

Das gemeinsame Jonglieren bunter Teller bereitet große Freude.

Eine tolle Erfahrung,
direkt in den
Himmel zu fliegen!

26 Auf die Plätze, fertig ... Urlaub!

Camper-Glück, ...

WEIL Camper und Ferienhaus sich so nah sind

FÜR Geocacher, Himmelsflieger & Yoginis

DIE 3 MUST DOS: Geocaching, Riesenschaukel, Yoga

CAMPER SIND NATURFREUNDE. Frische Luft und ein See mit ausgezeichneter Wasserqualität in einer schönen Landschaft sind gute Zutaten für einen gelungenen Campingurlaub.

Emsland-Camp ist ein noch recht junger Komfortplatz. Am Ortsrand von Fehndorf gelegen, gibt es einen kleinen Badesee, der sowohl zum Schwimmen und Spielen als auch zum Angeln einlädt. Kids lieben die riesige Holzschaukel, mit der es sich bis in den Himmel fliegen lässt! Hier werden selbst Bewegungsmuffel zu Frischluftfanatikern. Im Sommer kann man sich SUP-Boards kostenfrei ausleihen. Immer mittwochs findet am See Yoga statt: Packt die Yogahose ein!

Im Urlaub will man es nicht schlechter haben als zu Hause. Aus diesem Gedanken heraus wurde hier fleißig geplant. Es steht sich gut auf den großzügigen Standplätzen, die alle über eigene Badezimmer verfügen. Ziemlich cool sind die schicken Ferienhäuser im Schwedenstil: Sie bieten Raum für bis zu vier Personen und werden durch einen direkt anliegenden Standplatz für Wohnmobile ergänzt. Für alle, die nur auf der Durchreise sind, gibt es vor der Schranke die Möglichkeit, die Zeit zu verbringen.

Rund um den Campingplatz warten einige Geocaches auf Entdeckung. Aufregender lässt sich die Gegend wohl kaum erkunden.

Emsland-Camp · Harener Str. 34 · 49733 Haren
Tel. 05935/80 44 · emsland-camping.de
GPS: 52.778152, 7.120893

Freizeittipps in Niedersachsen & Bremen

Wildpark Lüneburger Heide
Wildpark 1, 21271 Hanstedt
wild-park.de
Einer der größten Tierparks Deutschlands

Tier- und Freizeitpark Thüle
Über dem Worberg 1
26169 Friesoythe-Thüle
tier-freizeitpark.de
Ganz schön wild! Über 1000 Tiere aus aller Welt

Jaderpark
Tiergartenstr. 69, 26349 Jaderberg
jaderpark.de
Tier- und Freizeitpark an der Ostsee

Besucherzentrum Meyer Werft
Ölmühlenweg, 26871 Papenburg
besucherzentrum-meyerwerft.de
Staunen, wie ein Kreuzfahrtschiff entsteht

Heide Park
Heide Park 1, 29614 Soltau
heide-park.de
Sommer-Kurzurlaub lässt Träume wahr werden

Serengeti-Park
Am Safaripark 1, 29693 Hodenhagen
serengeti-park.de
Mit dem Camper auf Safari – Stellplätze inmitten Europas größtem Safaripark

Weltvogelpark Walsrode
Am Vogelpark , 29699 Walsrode
weltvogelpark.de
Der weltweit größte Vogelpark

Erlebnis-Zoo Hannover
Adenauerallee 1, 30175 Hannover
zoo-hannover.de
In diesem Zoo geht's rund

SEA LIFE Hannover
Herrenhäuser Str. 4a,
30419 Hannover
visitsealife.de/hannover
Die magische Unterwasserwelt mit rund 2500 Tiere in über 40 Becken und Aquarien

Rasti-Land
Quanthofer Str. 9
31020 Salzhemmendorf
rasti-land.de
Familienfreundlicher Freizeitpark in Südniedersachsen

Autostadt in Wolfsburg
Stadtbrücke, 38440 Wolfsburg
autostadt.de
Keine bewegt mehr ...

Ferienzentrum Schloss Dankern
Dankern 1, 49733 Haren (Ems)
schloss-dankern.de
Urlaubsparadies im Herzen des Emslandes

← **Piratenschiff am Falkensteinsee**

Wasserspiele
am Alfsee

27 »Wenn ich den See seh, …«

Camper-Glück, …

WEIL Familien das Motto sind

FÜR Erholungssuchende, die es naturnah mögen

DIE 3 MUST DOS: Bastelvormittage, Waldsprechstunden mit dem Förster, Kegeln

»… BRAUCH ICH KEIN MEER MEHR.« Ein Urlaub am Senftenberger See ist die reine Wonne: Einmal am Wasser, können sich die Kleinen von morgens bis abends selbst beschäftigen, finden Spielkameraden und neue Freunde.

Im Süden Brandenburgs findet sich ein schöner, von Kiefern umgebener Fünf-Sterne-Platz, der sich besonders für Familien eignet. Mit dem hauseigenen, fast einen Kilometer langen, flach abfallenden Sandstrand, ist der Familienpark Senftenberger See ideal für naturnahen Erholungsurlaub. In einem abgegrenzten FKK-Bereich kann textilfrei gebadet werden.

Es gibt spezielle Familienkomfortplätze, die sich auf Rasenflächen in unmittelbarer Nähe zum See befinden. Kinder bis 15 Jahre campen kostenlos, was dem Familienbudget zugutekommt.

Für Single-Mamas und Single-Papas wird im Familienpark besonders gut gesorgt: Der Nachwuchs ist so mit Toben beschäftigt, dass man ihn kaum noch zu Gesicht bekommt. Kleinkinder haben ihren eigenen Spielplatz, für die etwas Größeren gibt es ein separates Spieleland. Für Schlechtwettertage werden Indoor-Spielmöglichkeiten angeboten und im Froggy Club ist sowieso immer was los. Bei all den Aktivitäten fällt es ganz leicht, neue Bekanntschaften zu knüpfen – sei es auf dem Spielplatz oder auf der Kegelbahn.

Familienpark Senftenberger See · Straße zur Südsee 1 · 01968 Senftenberg
Tel. 03573/80 08 00 · familienpark-see.de
GPS: 51.492134, 14.046126

↑ Die parkähnliche Anlage ist in Rondellen angeordnet.

↓ Im Familienpark gibt es mehrere Spielplätze, die entdeckt werden wollen.

↑ Wer im Spreewald paddelt, findet ein verwirrendes Netz aus Fließen.
↓ Das weitläufige Wiesengelände ist durch Hecken unterteilt.

28 Im Reich des Schlangenkönigs

Camper-Glück, …

WEIL der Spreewald Natur pur erleben lässt

FÜR Naturliebhaber & Wasserwanderer

DIE 3 MUST DOS: Kanu fahren, Kahn fahren, Spreewalddorf Lehde

VOGELGEZWITSCHER, DER WIND SÄUSELT in den Bäumen und immer tiefer taucht man in die Magie des Spreewalds ein. Mit seinen dunklen Wasserarmen und tiefen Wäldern beflügelt er seit jeher die Fantasie der Menschen. Und so soll es der Teufel gewesen sein, der diesen Landstrich erschaffen hat. Überall finden sich an alten Häusergiebeln zwei gekreuzte Schlangen – das Symbol für den Schlangenkönig, der die Bewohner vor dem Bösen beschützt …

An diesem zauberhaften Ort fällt es leicht, den Lärm der Stadt gegen die reiche Geräuschkulisse der Natur zu tauschen. »Spreewald-Natur-Camping Am Schlosspark« ist perfekt für Familien, die Entschleunigung suchen. Die Lage am Hauptfließ der Spree ermöglicht einen direkten Bootseinsatz, Kanus in allen Größen können an der Rezeption geliehen werden. Wer in das Labyrinth aus urigen Wasserwanderwegen eintaucht, sollte eine Karte dabeihaben. Die rund 150 Fließe mit ihren knapp 480 Kilometern Gesamtlänge lassen schnell die Orientierung verlieren …

Auf dem Campingplatz lädt ein Spielplatz mit Schaukel, Hütten, Stegen und Rutsche die Minis zum Toben ein. In der Lübbenauer Altstadt, die in fünf Minuten zu Fuß erreicht ist, gibt es zudem einen großen Abenteuerspielplatz.

Spreewald-Natur-Camping Am Schlosspark · Schloßbezirk 20
03222 Lübbenau (Spreewald) · Tel. 03542/35 33
spreewaldcamping-schloss.de
GPS: 51.869907, 13.980285

29 Königlich gecampt – Urlaub ohne Sorge

Camper-Glück, ...

WEIL viel auf kleinstem Aktionsradius geboten wird

FÜR Prinzessinnen & Prinzen

DIE 3 MUST DOS: Surf- und Segelkurse, Kreativwerkstatt, Malakademie

DER KÖNIGLICHE CAMPINGPARK SANSSOUCI liegt vor den Toren Berlins direkt am Templiner See – nur wenige Kilometer vom Schloss Sanssouci und dem Zentrum Potsdams entfernt. Egal, wofür man sich entscheidet: Ob königliches Flair der Schlösserstadt Potsdam oder pulsierende Hauptstadt – hier gibt es Natur und Kultur satt! Der große Campingplatz bietet Familien eine umfangreiche, moderne Ausstattung. Je nach Lage sind die Standplätze sonnig

Eine schöne, lange Wippe für lustige Balance-Spiele

bis schattig. Viele bieten zudem einen schönen Blick aufs Wasser, jedoch ist zum Schutz der Natur kein direkter Zugang möglich. Hierfür sind die Badestellen und Bootseinlassstellen vorgesehen. Das Animationsprogramm besteht aus Aktivitäten wie Basteln, Malen, Töpfern und Filzen. On top gibt es Geschichten vom Märchenerzähler und von einer Puppenspielerin. Sportbegeisterte können in der Surf- und Segelschule ihre sportlichen Fähigkeiten ausbauen. Klettern im AbenteuerPark Potsdam, Selfies mit den Stars in Madame Tussauds Berlin, Stunts im Filmpark Babelsberg erleben, den Indoor-Spielplatz DinoDschungel unsicher machen, Experimentieren im Mitmachmuseum Extavium – die Liste der Ausflugsziele ist lang.

Das kulinarische Angebot überzeugt, Einkaufsmöglichkeiten sind am Platz vorhanden. Saison ist von Ende März bis Anfang Februar.

Campingpark Sanssouci · An der Pirschheide 41 · 14471 Potsdam
Tel. 0331/951 09 88 · camping-potsdam.de
GPS: 52.361813, 13.007416

Rund um den See gibt es die schönsten Ausflugsziele.

↑ Entspanntes Campen auf abgestuftem Wiesengelände
↓ Die Kleinen beim Spielen vom Wohnmobil aus entspannt im Blick.

30 Weltmetropole meets Entspannungsoase

Camper-Glück, ...

WEIL man das Beste aus zwei Welten bekommt

FÜR alle, die Städte und Natur mögen

DIE 3 MUST DOS: Werder, Potsdam, Berlin

VOR DEN TOREN VON POTSDAM UND BERLIN, direkt auf einer Landzunge am Glindower See, befindet sich ein Urlaubsparadies inmitten der havelländischen Seenlandschaft. Blütencamping Riegelspitze ist fast vollständig vom Wasser umgeben. Ein eigener Strand mit angrenzendem Abenteuerspielplatz und Volleyballfeld ist ein Garant für unbeschwerte Ferien. Ein Kanu ist schnell gemietet, um die Erkundungen von der Wasserseite aus fortzusetzen.
120 Plätze stehen für Touristen zur Verfügung. Die Anlage ist modern und wird fortlaufend erweitert. Eine Bäckerei und ein Biergarten machen den Aufenthalt angenehm.
Gäste haben die Qual der Wahl: Urlaub in der Natur oder doch lieber eine Stippvisite in der Stadt. Beides? Warum nicht! Dank eigener Bushaltestelle sind Ausflüge ins Umland ohnehin kein Problem. Die Wein- und Obstbauregion ist landschaftlich wunderschön, und das nicht nur zur Blütezeit. Die fantastischen Schlösser und Gärten von Sanssouci sind gerade einmal sechs Kilometer entfernt. Das Zentrum von Berlin ist mit der Bahn in fünfundvierzig Minuten klar zur Besichtigung. Auf zahlreichen Radwegen lässt sich prima durch die Blütenstadt Werder und die vielen Obsthöfe fahren. Fahrräder können am Platz ausgeliehen werden.
Saison ist von April bis Oktober.

Blütencamping Riegelspitze · Fercher Str. 4–9 · 14542 Werder (Havel)
Tel. 03327/423 97 · campingplatz-riegelspitze.de
GPS: 52.359619, 12.940304

31 Weißt du, wie viel Sternlein stehen?

Camper-Glück, ...

WEIL man hier einen unglaublichen Sternenhimmel sieht

FÜR Sternengucker & Naturliebhaber

DIE 3 MUST DOS: Sternchen zählen, Tretboot fahren, Kettcar-Rallye

»LIEBER 1000 STERNE AM HIMMEL als fünf Sterne an der Hoteltür.« Diesen Spruch dürften die meisten Camper schon einmal gehört haben. Auf den Campingpark Buntspecht trifft er zu 100 Prozent zu. Denn hier, inmitten der märkischen Wälder und direkt am Ferchesarer See, präsentiert sich der Nachthimmel nahezu frei von jeglicher Lichtverschmutzung. Es gibt in Mitteleuropa nur sehr wenige Orte, an denen man eine natürliche Nacht mit ihren unzähligen Sternen erleben kann. Hier kann man es! Und so wurde der Naturpark Westhavelland im Jahr 2011 als erstes Lichtschutzgebiet Deutschlands ausgewiesen. Das Erlebnis eines unverfälschten Sternenhimmels ist für jeden tief beeindruckend: Ein Blick nach oben macht nachweislich glücklich.

Der Campingpark Buntspecht hat aber noch viel mehr zu bieten. 190 großzügig angelegte Standplätze, je nach Lage sind diese sonnig bis schattig. Viele bieten zudem einen schönen Blick aufs Wasser. Ein Streichelzoo, eine Hüpfburg, ein Trampolin, ein auf dem Spielplatz gestrandetes Piratenschiff – für abenteuerlustige Kids gibt es das und noch viel mehr zu entdecken. Wie wäre es mit einem Picknick am See, einer Waldwanderung oder dem Besuch des Puppentheaters Fingerleicht? Der familienfreundliche Campingpark ist geöffnet vom 15. April bis 15. Oktober.

Campingpark Buntspecht · Weg zum Zeltplatz 1 · 14715 Stechow-Ferchesar
Tel. 033874/900 72 · campingpark-buntspecht.de
GPS: 52.654296, 12.429321

↑ Hier sind schnell neue Freundschaften geschlossen.
↓ Ein Ort zum Entspannen und Relaxen.

↑ Die riesige Kuppel von Tropical Islands ist schon von Weitem gut zu sehen.
↓ Einfach abschalten und einen Kurzurlaub nahe Berlin genießen.

32 Mit dem Camper in die Tropen

Camper-Glück, …

WEIL sich Tage voller Exotik wie perfekter Urlaub anfühlen

FÜR alle, die schon immer mal in den Urwald wollten

DIE 3 MUST DOS: Sandstrand, Wasserfall, Regenwald-Expedition

DIE SÜDSEE IST SO GROSS wie drei olympische Schwimmbecken. Die Tropen liegen im Spreewald. Und in Sri Lanka, auf Bali und in Krausnick erwarten den Reisenden Wassertemperaturen von um die 28 °C.

Um diese drei Aussagen zu verstehen, muss man einmal im Tropical Islands gewesen sein. In einer der größten freitragenden Hallen der Welt – ursprünglich als Zeppelinwerft konstruiert – finden Gäste ein einmaliges und vor allem wetterunabhängiges Reiseziel: Europas größte tropische Urlaubswelt. Die Dimensionen sind gigantisch. Die Halle ist so groß, dass die Freiheitsstatue aufrecht stehen und der Eiffelturm darin liegen könnte.

Die Südsee, die Lagune, der größte Indoor-Regenwald der Welt, ein tropisches Dorf sowie eine riesige Kinderspielwelt bilden eine gigantische Erlebnislandschaft, die ihre Besucher in Staunen versetzt. Wer jetzt Lust auf eine Luftfeuchtigkeit von 40 bis 60 % bei wohltemperierten 26 °C bekommen hat, parkt seinen Camper einfach am Rande der Tropen. Südlich der Halle, in herrlicher Waldrandlage, bietet der zu Tropical Islands gehörige Campingplatz genügend Fläche für Familien und deren Wohnmobile. Reservieren nicht vergessen! Für Gäste des Platzes ist der Eintritt in den Freizeitpark frei.

Tropical Islands · Tropical-Islands-Allee 1 · 15910 Krausnick
Tel. 035477/60 50 50 · tropical-islands.de
GPS: 52.032004, 13.732198

Freizeittipps in Brandenburg & Berlin

Madame Tussauds Berlin
Unter den Linden 74, 10117 Berlin
madametussauds.de/berlin
Die Stars zum Anfassen

AquaDom & SEA LIFE Berlin
Spandauer Str. 3, 10178 Berlin
visitsealife.de/berlin
Die magische Unterwasserwelt entdecken

Berlin Dungeon
Spandauer Str. 2, 10178 Berlin
thedungeons.de/berlin
Mutig genug?

Little BIG City Berlin
Panoramastr. 1A , 10178 Berlin
officiallittlebigcity.de/berlin/
Die Hauptstadt in Miniatur – 750 Jahre Berliner Geschichte

LEGOLAND® Discovery Centre Berlin
Potsdamer Str. 4, 10785 Berlin
legolanddiscoverycentre.de/berlin
Der ultimative Indoor-Spielplatz: bauen, staunen und spielen

Filmpark Babelsberg
August-Bebel-Str. 26–53
14482 Potsdam
filmpark-babelsberg.de
Filmspezifische Attraktionen, Shows, 4-D- und X-D-Kino, Originalkulissen und Ausstellungsbereiche zu Film und Filmhandwerk

↑ Abenteuer-Dschungelspielplatz in Lübbenau → Campingpark Sanssouci – ein idealer Ausgangspunkt für Fahrradtouren

↑ Beim Geschicklichkeitsparcours sind der Fantasie keine Grenzen gesetzt.

↓ Badespaß auf 240 Quadratmeter: Ein Schwimmbad für perfekten Urlaub.

33 Wasserfun und Luftmatratze

Camper-Glück, …

WEIL Schwimmbad, Bade- und Freizeitsee auf einem Fleck sind

FÜR Glamper-Camper & Normalos

DIE 3 MUST DOS: Wildpark Frankenhof, Ketteler Hof, Aquarius Freizeitbad

IM MÜNSTERLAND, circa zehn Kilometer von Bocholt entfernt, findet sich Camping Borken am See. Inmitten des Naturschutzgebiets Hohe Mark, besticht der kleine wie feine Familien-Campingplatz durch seine wunderschöne Lage am Pröbstingsee. Hier finden Urlauber nicht nur Ruhe in der Natur, es gibt auch jede Menge Freizeiteinrichtungen zu entdecken.

Neben dem benachbarten Kletterwald, wo alle mal wieder so richtig abhängen können, und dem Bootsverleih am Bootshaus, gibt es auch einige Einrichtungen speziell für jüngere Kinder. So findet sich am Ufer ein kleiner Abenteuerspielplatz, der bis in den See hineinreicht. Der direkte Wasserzugang lässt nahezu jede Aktivität zur feucht-fröhlichen Freizeit- und Sportangelegenheit werden. Baden, Tretboot- und Kanufahren, Segeln und Angeln gehören in Borken einfach dazu.

Auf dem Campingplatz gibt es zudem ein Schwimmbad und weitere Attraktionen wie Minigolf, Fußball oder Beachvolleyball. Für suboptimale Wetterlagen stehen ein Indoor-Spielraum sowie ein Spieleverleih an der Rezeption zur Verfügung. Der Campingplatz Borken am See hat gute Chancen, zum neuen Lieblingsurlaubsort zu werden.

Betriebszeit ist von Mitte April bis Anfang November.

Camping Borken am See · Pröbstinger Busch 16 · 46325 Borken
Tel. 0221/98 88 56 06 · campingborkenamsee.de
GPS: 51.833233, 6.788060

34 Naturerlebnis am Niederrhein

Camper-Glück, ...

WEIL man hier schützt, was man schätzt

FÜR Naturfreunde & Frischluftfanatiker

DIE 3 MUST DOS: Kletterparcours, Kletterwand, Streichelzoo

MORGENS VON VOGELGEZWITSCHER GEWECKT werden, tagsüber durch Wiesen und Wälder streifen und abends die letzten wärmenden Sonnenstrahlen vor dem Wohnmobil genießen – das ist Urlaub im Campingpark Kerstgenshof.

Eingebettet in die sanften Hügel der Sonsbecker Schweiz und nicht weit der Römerstadt Xanten, urlaubt es sich hier im Einklang mit der Natur, inmitten heimischer Pflanzen und Tiere. Dass Öko-Power im Vordergrund steht, erkennt man schon von Weitem an der Dachbegrünung. Am Naturteich quaken Frösche, Libellen schwirren neugierig umher. Welche Freude, durch den Bauerngarten mit Beerensträuchern und Kräuterspirale zu streifen oder auf dem Baumlehrpfad mehr über heimische Bäume zu erfahren!

Kicken auf dem Bolzplatz, die Nachbarskinder beim Tischtennis herausfordern oder gemeinsam mit der Familienbande ein Volleyballturnier austragen – der Campingplatz bietet genügend Entfaltungsmöglichkeiten. Besonders die Kleinsten freuen sich über den Wasser- und Sandspielplatz mit Wasserrinne und Sandaufzug. Wer sich traut, erklimmt den Kletterparcours und die kleine Kletterwand auf dem Naturspielplatz. Es gibt einige Tiere, die gerne gestreichelt und gefüttert werden. Gerade die Zicklein sind der Hit, wenn sie voller Lebensfreude über die Wiese springen.

Campingpark Kerstgenshof · Marienbaumer Str. 158 · 47665 Sonsbeck
Tel. 02801/43 08 · kerstgenshof.de
GPS: 51.659348, 6.373122

↑ Die neugierigen Ziegen haben eigentlich immer Hunger.
↓ Am Sandspielplatz sind schnell neue Freundschaften geschlossen.

↑ Der Chill-Bus wartet nur darauf, dass Kinder einsteigen.
↓ Viel Platz für ausgiebige Spiele

35 Sonne, See & Sandstrand

Camper-Glück ...

WEIL der Kopf endlich einmal aus sein darf

FÜR die kleine Auszeit

DIE 3 MUST DOS: Hüpfkissen, Streichelzoo, Spielbus

EIN LÄCHELN HIER, EIN SMALL TALK DA – meist dauert es nicht lange, bis man auf ein geselliges Beisammensein eingeladen wird. Wen wundert es? Schließlich haben alle dasselbe Hobby und die gleichen Themen: Wetter, Ausflugsziele, Essen ...

Urlaub im Campingpark Heidewald ist Wunschurlaub im schönen Münsterland. Die Standplätze sind großzügig bemessen, manche parzelliert und auch für Gruppen ausgelegt. Eine Voranmeldung mit Reservierung ist in jedem Fall anzuraten. In den Sommermonaten gibt es einen Brötchenservice mit verschiedenen leckeren Backwaren vom ortsansässigen Bäcker. Ein Fahrrad- und ein Kettcar-Verleih sind weitere angebotene Dienstleistungen. Der Spielbus für Kids ist einsame Spitze! Nicht weit entfernt lädt ein Restaurant mit guter Küche zur Einkehr.

Der Feldmarksee mit Strandbad, Bootsverleih, Eiscafé und Gastronomie kommt bereits nach wenigen Minuten zu Fuß in Sicht. Er verfügt über einen besonders bei Familien beliebten breiten Sandstrand mit flachem Uferzugang.

Am nordöstlichen Rand Westfalens, ist der Campingpark ein guter Ausgangspunkt für Ausflüge in die nahe gelegenen Städte Warendorf, Münster oder Osnabrück. Die Stadt Sassenberg mit allen Einkaufsmöglichkeiten ist rund einen Kilometer entfernt.

Campingpark Heidewald · Versmolder Str. 44 · 48336 Sassenberg
Tel. 02583/13 94 · campingpark-heidewald.de
GPS: 51.999667, 8.066277

36 Die perfekte Mischung

Camper-Glück, …

WEIL jeder (k)eine ruhige Kugel schiebt

FÜR Mountainbiker, Bowler und Barfußgeher

DIE 3 MUST DOS: Trailpark, Seilbahn, Pit-Pat

BOWLING IST TOTAL RETRO. Und deshalb so kultig. Das Bowlingcenter Werlte ist eine coole Location, um Sport, Spaß und Action mit der ganzen Familie zu erleben. Hier können alle mal zeigen, was in ihnen steckt. Aber Achtung: Nicht die Kugel auf die Zehen fallen lassen!

Für alle, die es lieber ruhiger angehen lassen, hält Camping Hümmlinger Land alternative Freizeitangebote bereit. Nahe der niederlän-

Seilbahn, Kletterturm und andere Spielgeräte wollen entdeckt werden.

dischen Grenze, zwischen Ostfriesland und dem Oldenburger Münsterland, liegt der schöne 4-Sterne-Campingplatz. Hier beginnt der Tag mit frisch gebackenen, duftenden Brötchen.
Die waldreiche Gegend ist gut geeignet für Familien, die nicht auf das ganz große Hully-Gully stehen. Der direkt angrenzende Barfußpfad lässt gestresste Füße die unterschiedlichsten Materialien erfahren. Spaziergänge oder Radtouren ins Umland sorgen für Bewegung, Entspannung lässt sich im Anschluss im Saunafass finden. Der in unmittelbarer Nähe zum Campingplatz gelegene Trail-Park bietet für Mountainbike-Fans eine fantastische Abwechslung. Der Fahrrad-Parcours mit mehreren Strecken ermöglicht sowohl Anfängern als auch Fortgeschrittenen actiongeladene Stunden. Pumptrack, Techniktrail, Dirtlines und Flowline sind hier keine Fremdwörter. Wer springt am höchsten? Werlte ist die perfekte Mischung aus Dorf und Kleinstadt.

Camping Hümmlinger Land · Rastdorfer Str. 80 · 49757 Werlte
Tel. 05951/53 53 · huemmlingerland.de
GPS: 52.873358, 7.691272

Naturbeobachtungen von der Hängematte aus.

↑ Steinchen werfen, barfuß laufen … Natur entdecken macht Spaß!
↓ Flammkuchen, Pizza, Currywurst mit Pommes gibt's im Café »Der Hammer«.

37 Campen ist der Hammer!

Camper-Glück, …

WEIL Campen Natur heißt – und Natur hier gel(i)ebt wird

FÜR Reiter & alle, die sich mit der Natur verbinden möchten

DIE 3 MUST DOS: Rursee, Westwall, Vogelsang IP

DER NATIONALPARK EIFEL LOCKT mit spektakulären Sehenswürdigkeiten und spannenden Outdoor-Aktivitäten. Im idyllischen Tal von Hammer, umgeben von Rur, Wäldern und Wiesen, liegt Camp Hammer. Irgendwie findet hier jeder immer etwas, womit er sich beschäftigen kann. Wie wär's zum Beispiel mit einer gemeinsamen Partie Wikingerschach? Überbordende Animation und allzu hektische Betriebsamkeit sollte man nicht erwarten. Es ist die Liebe zur Natur, die Gäste und Betreiber eint. Es gibt einen Lagerfeuerplatz und ausreichend Fläche, um gemütlich in der Sonne zu liegen und den Urlaub zu genießen. Selbstverständlich ist man gesellig und kinderfreundlich, aber das zeigt sich hier nicht in ausgeklügelten Anlagen. Einen Staudamm können die Kleinen auch so bauen. Steine und Äste liegen schließlich überall herum …

Die bezaubernde Auenlandschaft der Kall, der Westwall bei Simmerath und die eine oder andere Biberspur lassen Kinder zu Entdeckern werden. Es macht Spaß, das verwunschene Naturrefugium gemeinsam mit der Familie zu erobern.

Die Gaststätte zeigt sich pferdefreundlich, sodass Reiter hier ihre Lieblinge zur Tränke führen können. Außerdem gibt es Weidepaddocks mit Unterstand und Futter. Pferdeanhänger ans Wohnmobil und los!

Camp Hammer · An der Streng 6–7 · 52152 Simmerath
Tel. 0171/907 77 55 · camp-hammer.de
GPS: 50.565217, 6.331454

38 Bootspartie mit Bootsparty

Camper-Glück, …

WEIL der Wasserfun so richtig instagrammable ist

FÜR Freunde des Erlebnishoppings

DIE 3 MUST DOS: Schwimmen, Segeln, Surfen

WIE EDELSTEINE GLITZERN Listersee und Biggesee in der Sonne. Eine kleine Bootspartie ist da genau das Richtige! Am kleinen Steg unterhalb des Restaurants Gut Kalberschnacke am Listersee liegen die bunten Boote der Campinganlage.
In der Mitte des Sees kann man erst mal die Ruder zur Seite legen, sich treiben lassen und ein kleines Picknick genießen. Mehre Boote aneinandergebunden – und einer kleinen Party steht nichts mehr im Wege.
Die terrassenförmig gestaltete Anlage von Camping Gut Kalberschnacke bietet einen weiten Blick über das Wasser und die umgebenden Berge und Wälder. In der Ferienzeit wird ein umfangreiches Animationsprogramm geboten. Nachtwanderungen, Schatzsuchen und andere einfallsreich organisierte Abenteuer stehen dann auf dem Plan.
Seit dem Bau der Biggetalsperre ist der Listersee ein Seitenarm des Biggesees. Letzteren sollte man auch unbedingt aufsuchen, denn er gilt als echter Foto-Hotspot. Wer sein Handy bereithält, kann seinen Followern so richtig was bieten. Der Badesee mit seinem ausgelassenen Beach-Life ist nämlich so richtig instagrammable. Den perfekten Shot sichert man sich am besten auf der Aufsichtsplattform »Biggeblick« bei Attendorn.

Camping Gut Kalberschnacke · Kalberschnacke 8 · 57489 Drolshagen
Tel. 02763/61 71 · camping-kalberschnacke.de
GPS: 51.071864, 7.815951

↑ Unterhalb der Anlage befindet sich das Tauchgebiet Kalberschnacke.
↓ Wer eines der Ruderboote ausleihen möchte, meldet sich an der Rezeption.

Im Campingpark Heidewald

Freizeittipps in Nordrhein-Westfalen

Potts Park
Bergkirchener Str. 99
32429 Minden
pottspark-minden.de
Familien-Erlebnispark mit Science Center: originell – familienfreundlich – pädagogisch wertvoll

Safariland Stukenbrock
Mittweg 16
33758 Schloß Holte-Stukenbrock
safariland-stukenbrock.de
Toller Mix aus Wildlife-Zoo und Vergnügungspark

Ketteler Hof
Rekener Str. 234
45721 Haltern am See
kettelerhof.de
Mit Karacho auf spielerische Weltreise

ZOOM Erlebniswelt
Bleckstr. 64, 45889 Gelsenkirchen
zoom-erlebniswelt.de
Der Zoo ist in vier Themenbereiche gegliedert: Alaska, Afrika, Asien und Grimberger Hof.

LEGOLAND® Discovery Centre Oberhausen
Promenade 10, 46047 Oberhausen
legolanddiscoverycentre.de/oberhausen/
Bauen. Staunen. Spielen: Fahrgeschäfte, Miniaturmodelle und Landschaften

SEA LIFE Oberhausen
Zum Aquarium 1, 46047 Oberhausen
visitsealife.de/oberhausen
Deutschlands größte Hai-Aufzucht

Freizeitpark Schloß Beck
Am Dornbusch 39, 46244 Bottrop
schloss-beck.de
Touren durchs Schloss und ein kleiner Freizeitpark mit Rutschen und Schaukeln für jüngere Besucher

Movie Park Germany
Warner Allee 1
46244 Bottrop-Kirchhellen
movieparkgermany.de
»Filmtastische« Erlebnisse für die ganze Familie

Irrland – Die Bauernhof-Erlebnisoase
Am Scheidweg 1
47624 Kevelaer-Twisteden
irrland.de
Hier ist Schweben und Fliegen nicht nur im Traum möglich

Phantasialand
Berggeiststr. 31–41, 50321 Brühl
phantasialand.de
Kleiner Urlaub voller großer Abenteuer

Time Ride
Alter Markt 36–42, 50667 Köln
timeride.de/koeln
Virtual-Reality-Fahrt durch die historische Kölner Altstadt in einer nachgebauten Straßenbahn

Kölner Zoo
Riehler Str. 173, 50735 Köln
koelnerzoo.de
Einer der ältesten und beliebtesten Zoos in Deutschland

JUMP House Köln
Köhlstr. 10, 50827 Köln
jumphouse.de/koeln
Das Original mit über 3800 m^2 Gesamtfläche

Bubenheimer Spieleland
Burg Bubenheim 1
52388 Nörvenich
bubenheimer-spieleland.de
Ob Regen oder Sonnenschein: wetterunabhängiges Ausflugsziel für die ganze Familie

SEA LIFE Königswinter
Rheinallee 8, 53639 Königswinter
visitsealife.de/koenigswinter
Eintauchen in eine faszinierende Unterwasserwelt

Elspe Festival
Zur Naturbühne 1
57368 Lennestadt-Elspe
elspe.de
Hugh! Karl-May-Festspiele mit Winnetou und seinen Blutsbrüdern

FORT FUN Abenteuerland
Aurorastr. 50, 59909 Bestwig (Wasserfall) / Sauerland
fortfun.de
Park im Wildwest-Stil

Abtauchen im Listersee →

↑ Auf dem platzeigenen Badesee lässt sich viel unternehmen.
↓ Gemütlicher Urlaubsplatz für kleine oder große Gruppentreffen.

39 Atlantis liegt am Edersee

Camper-Glück, ...

WEIL es sich in andere Welten abtauchen lässt

FÜR Schatzjäger & Entdecker

DIE 3 MUST DOS: Atlantis-Schnorcheln, Sommerrodeln, Goldwaschen

WER DEN NERVENKITZEL LIEBT, schnappt sich seine Schnorchelausrüstung und taucht durch die Reste alter Dörfer im Edersee. Diese warten nur darauf, von wagemutigen Abenteurern entdeckt zu werden. Manchmal führt Hessens größter Stausee so wenig Wasser, dass man Teile der alten Siedlungen direkt begehen kann! Wer mag, schreitet dann über die Aseler Brücke oder sucht nach den alten Friedhöfen von Berich und Alt-Bringhausen.

Zu viel Grusel? Okay, es gibt auch an Land genug zu entdecken. Zum Beispiel die Sommerrodelbahn in Waldeck, ein kleiner Freizeitpark mit »Hundertwasser«-Burg. Voll retro und Nervenkitzel pur. Auf 850 Metern können alle mal so richtig Gas geben.

Der Camping- & Ferienpark Teichmann ist die ideale Ausgangsbasis für den ganzen Fun. Das großzügige, parkähnliche Wiesengelände mit platzeigenem Badesee präsentiert selbst auch allerhand Freizeitangebote. Kanus, SUP-Boards, Tretboote und mehr beschäftigen Wasserratten von früh bis spät. Geocaching (als moderne Variante der Schnitzeljagd), eine rustikale »Goldwaschrinne« (für die spannende Suche nach Schätzen), Bogenschießen, Ponyreiten, Stockbrotbacken … Das Abenteuer beginnt hier! Vermutlich bekommt man die eigenen Kinder für Tage gar nicht mehr zu Gesicht.

Camping- & Ferienpark Teichmann · Zum Träumen 1
34516 Vöhl-Herzhausen · Tel. 05635/245 · camping-teichmann.de
GPS: 51.174878, 8.890735

40 Cool Camping auf Burg Wallenstein

Camper-Glück, …

WEIL man sein eigener Burgherr im Camper sein kann

FÜR edle Ritter, Burgfräulein & Lagerfeuerromantiker

DIE 3 MUST DOS: Naturschwimmbad, Wildpark Knüll, Offroad-Park

MIT DEM CAMPER IM SCHATTEN einer Burgruine stehen und die Sonne hinter den Zinnen untergehen sehen … Gebaut auf einem Bergsporn, der nach drei Seiten steil abfällt, wartet Burg Wallenstein darauf, von Familien eingenommen zu werden. Vom eigentlichen Campingplatz aus geht es den Hang hinauf, bis zu der Stelle, an der früher die Vorburg stand. Für Vans ist an dieser Stelle definitiv Schluss. Größere Wohnmobile müssen gleich ganz unten bleiben. Der Weg in die Kernburg aus dem 12. Jahrhundert führt über eine Rampe des engen Torzwingers. Weiter kommt man nur noch zu Fuß. Definitiv ein atemberaubender Platz für Zelte – von dicken Burgmauern beschützt, mit freiem Blick auf den Sternenhimmel.

Der alte Treppenturm wurde restauriert und bietet nach einigen Stufen eine fantastische Aussicht auf drei Teiche und ein Naturschwimmbad. Aus erfrischend kalten Quellen gespeist, ist Letzteres in Verbindung mit der finnischen Außensauna der ideale Ort zum Entspannen. Das danebenliegende Restaurant verbindet den Anspruch der Spitzenküche mit dem ungezwungenen Flair eines Schwimmbads. Hier bekommt man auch mit Badelatschen an den Füßen leckere, heimische Spezialitäten serviert!

Mit Sicherheit einer der schönsten Campingplätze Hessens.

Campingplatz Wallenstein · Burgstraße 35 · 34593 Knüllwald
Tel. 0170/663 61 81 · burgwallenstein.de
GPS: 50.950391, 9.493179

↑ Zurück ins 13. Jahrhundert entführen Ritterfest und Showkämpfe.
↓ Wallenstein ist die Ruine einer hochmittelalterlichen Höhenburg.

↑ Im Ferienpark badet man in natürlichem Gewässer.
↓ Langeweile? Gibt es nie, denn Kindern fällt immer etwas ein!

41 Langeweile ist ein Fremdwort

Camper-Glück ...

WEIL es sich herrlich abhängen lässt

FÜR Wasserratten & Tretbootstrampler

DIE 3 MUST DOS: Beachvolleyball, Tennis, Tauchen

DER INBEGRIFF EINER ENTSPANNTEN BOOTSPARTIE ist ein Ausflug mit dem Tretboot. Wer im Urlaub seine Beine trainieren möchte, gibt einfach mal so richtig Gas. Wenn dann der Schweiß in Strömen fließt: Ein Sprung in den Neuenhainer See verspricht sofortige Abkühlung! Dem Naturbadesee vorgelagert ist eine kleine Badeinsel. Zusammen mit der Wasserrutsche zielt hier alles auf Spaß im und rund ums Wasser ab. Der flach angelegte Zugang zum Badebereich erfolgt über einen etwa 130 Meter langen und bis zu sechs Meter breiten Sandstrand. Für die Kleinsten steht neben einem Planschbecken auch ein abgetrennter Nichtschwimmerbereich zur Verfügung. Während der Saison hält die DLRG ein Auge auf alle, die sich am und im Wasser tummeln. Bootsfahren, SUPen, Paddeln ... ist außerhalb des Badebereichs erlaubt.
Ein sandig angelegtes Volleyballfeld sowie Rasenflächen laden zum Sport ein. Auf der angrenzenden Liegewiese kann man unter schattenspendenden Bäumen prima den Tag verbringen. Vielleicht gibt es auch irgendwo ein lauschiges Plätzchen für die Hängematte? Wer hängt nicht gerne einmal ab?!
Durch Neuental und die benachbarten Gemeinden führen mehrere ausgeschilderte Radwege, die einige Sehenswürdigkeiten zu bieten haben.

Ferienpark Neuenhainer See · Seeblick 14 · 34599 Neuental
Tel. 06693/12 87 · neuenhainer-see.de
GPS: 50.989385, 9.268572

42 Knifflige Mission für die ganze Familie

Camper-Glück, …

WEIL Action auf Naturerlebnis trifft

FÜR Biker & Wanderer

DIE 3 MUST DOS: Escape-Room, Burg Greifenstein, Burg Beilstein

MIT DER FAMILY IN EINEN RAUM eingesperrt sein und unter Zeitdruck verschiedene Rätsel lösen – willkommen im Escape-Room! Bereit für die Herausforderung? Dann auf zu Escape Games nach Herborn! Wenn ihr am späten Nachmittag zurück auf dem Campingplatz kommt, seht ihr nach so viel Teamarbeit eure Family bestimmt mit ganz anderen Augen.

Der Campingplatz Ulmbachtalsperre ist ein weiträumiger Ort mit großzügigen Standplätzen. In die reizvolle Umgebung des Hessischen Westerwalds eingebettet, bietet er ideale Voraussetzungen für naturnahes Camping. Hier steht klar Entschleunigung im Vordergrund. Liegewiese und Strand laden zum Chillen ein.

Von Basic-Camping mit Zelt und Gaskocher bis hin zum komfortablen Wohnmobil-Urlauben mit Strom- und Wasseranschluss ist alles möglich. Die Betreiber kümmern sich persönlich um ihre Gäste, es herrscht eine ruhige und familiäre Atmosphäre. Auf dem Spielplatz oder am See: Kinder haben hier immer was zu tun, Freundschaften sind schnell geschlossen.

Wem das nach viel zu viel Action klingt, der kann sich auch seine Sneakers umbinden und ein bisschen um den Ulmbachstausee streifen oder mit dem Fahrrad die Fußgänger wegklingeln. Abends ist auf jeden Fall Lagerfeuer angesagt.

Camping Ulmbachtalsperre · Ulmbachtalsperre 1 · 35753 Greifenstein
Tel. 02779/349 · campingulmtal.de
GPS: 50.603201, 8.266741

↑ Alle sitzen gerne in gemütlicher Runde rund ums knisternde Feuer.

↓ Ein beliebtes Naherholungsziel für Badegäste und Campingfreunde

↑ Der See ist der natürliche Mittelpunkt aller Freizeit- und Sportangebote.
↓ In heißen Sommern weicht die Wasserlinie etwas zurück.

43 Übernachten mitten im Wow

Camper-Glück, ...

WEIL man Lagerfeuer machen darf

FÜR Wasserratten & Abenteurer

DIE 3 MUST DOS: Aquapark, Adventuregolf, Sommerrodelbahn

IM NATURPARK HOHER VOGELSBERG in Oberhessen ruht traumhaft der Gedener See. An dessen Ufern findet sich ein ganzjährig geöffneter Campingpark. Auf einem großzügig angelegten Areal bietet dieser jede Menge unparzellierte Standplätze. Mit etwas Glück steht man mit seinem Camper direkt in erster Reihe am See. Es gibt eine Stromversorgung für die, die nicht autark stehen können oder wollen. Ein 25 Meter langes Kabel kann nicht schaden – je nachdem, wo man seinen Camper abstellt. Auffahrkeile sind auch keine schlechte Idee …

Zwei Strände sind fußläufig in wenigen Minuten erreichbar, das flache Ufer ist auch für Kleinkinder geeignet. Der Badebetrieb findet in der Regel unter Aufsicht statt, die Wasserqualität des Sees wird regelmäßig geprüft. Es gibt einen Abenteuerspielplatz mit Seilbahn, Tischtennisplatten sowie ein Volleyballfeld. Und auf der Adventuregolfanlage ist immer was los!

Für das leibliche Wohl sorgt ein Restaurant mit Seeterrasse sowie ein Kiosk mit Imbiss und Warensortiment für den täglichen Bedarf. Gedern ist staatlich anerkannter Luftkurort, der See der ideale Ausgangspunkt für Wander- und Radtouren im Vogelsberg, Europas größtem Vulkanmassiv. Ein Ausflug zur Sommerrodelbahn auf dem Hoherodskopf ist ein Muss.

Campingpark Am Gederner See · Am Gederner See 19 · 63688 Gedern
Tel. 06045/95 26 43 · campingpark-gedern.de
GPS: 50.429059, 9.180671

44 Ein Meer aus Stein

Camper-Glück, ...

WEIL sich im Herzen des Odenwaldes viel erleben lässt

FÜR Kletterer & Boulderer

DIE 3 MUST DOS: Erlebnishöhe Wald-Michelbach, Solardraisine, Räuberwald

BEOBACHTET MAN KINDER BEIM SPIELEN, stellt man häufig fest, dass sie ständig irgendwo raufwollen, um dann aus der Höhe herunterzuschauen. Das Felsenmeer im Odenwald ist wie geschaffen für einen Ausflug mit energiegeladenen, kletterfreudigen Kids. Wild und ungestüm wirkt es und tatsächlich wie ein Meer aus Felsen, das sich vor langer, langer Zeit seinen Weg hinab ins Tal gebahnt hat. Gutes Schuhwerk ist eine Grundvoraussetzung – die mächtigen Granitbrocken verlangen schon einiges an Geschick und Ausdauer.

Fünfzehn Minuten von Lautertal entfernt liegt der Terrassencampingplatz Schlierbach. Die gesamte Anlage ist umgeben von tiefen Wäldern und grünen Wiesen, der einstigen Jagdgründe der Nibelungen. Wer eine naturnahe, gepflegte Anlage ohne Rummel und ständige Animationsdurchsagen bevorzugt, wird sich hier sofort wohlfühlen. Es sind die kleinen Campingfreuden, die zählen: geselliges Grillen hier, Lagerfeuer und Geschichtenerzählen da …

»Kennt ihr schon die Sage von Siegfried, dem Drachentöter?«

Am kleinen Bach, der durch das Gelände plätschert, können Minis mit viel Freiraum für Fantasie planschen, spielen und toben. Ganz besonders beliebt ist der Bergtierpark. Gämsen, Alpakas und Kängurus zu beobachten, macht doch immer noch am meisten Spaß!

Terrassencamping Schlierbach · Am Zentbuckel 11 · 64678 Lindenfels
Tel. 06255/630 · terra-camp.de
GPS: 49.682593, 8.770497

↑ Viel Grün unterteilt die Stellplätze am Fuße der Burgruine Lindenfels.
↓ Allein oder zu zweit mit der Sommerrodelbahn den Berg hinab.

Freizeittipps in Hessen

Grimmwelt
Weinbergstraße 21, 34117 Kassel
grimmwelt.de
Schneewittchen, Rumpelstilzchen & Co. – märchenhaft von A bis Z

Bergpark Wilhelmshöhe
L3217, 34131 Kassel
kassel.de/bergpark
Historische Wasserspiele, Löwenburg und Herkules

Mathematikum
Liebigstraße 8, 35390 Gießen
mathematikum.de
Das erste mathematische Mitmachmuseum der Welt

Freizeitpark Lochmühle
Lochmühle 1
61273 Wehrheim/Taunus
lochmuehle.de
Freizeitpark mit Tieren sowie kindgerechten Fahrt- und Kletterattraktionen

Römerkastell Saalburg
Saalburg 1
61350 Bad Homburg v.d.H.
saalburgmuseum.de
Zeitreise durch das römische Kastell am UNESCO-Welterbe Limes im Taunus

Sommerrodelbahn Hoherodskopf
Am Hoherodskopf 16
63679 Schotten
ski-und-rodelarena-hoherodskopf.de
Im Sommer rodeln: Die 750 Meter lange Sommerrodelbahn macht's möglich!

Felsenmeer
Felsenmeer 3, 64686 Lautertal
felsenmeer-zentrum.de
Beeindruckende Ansammlung von unzähligen Felsen – top zum Bouldern

Überwaldbahn
ab 69509 Mörlenbach:
Weinheimer Straße 16
ab 69483 Wald-Michelbach:
Am Bahnhof 10
solardraisine-ueberwaldbahn.de
Mit einer Draisine auf einer der schönsten denkmalgeschützten Eisenbahnstrecken Europas

← Am Gedener See findet jeder seinen Wunschplatz.

Die Schwimminsel lädt zum Quatschmachen ein.

↑ Die Trendsportart SUP-Yoga sollte man unbedingt einmal ausprobieren.
↓ Die Talsperre Seebach bietet viel Raum für Individualisten.

45 Camping in der Mitte Deutschlands

Camper-Glück …

WEIL sich herrlich entspannen lässt

FÜR freiheitsliebende, naturverbundene Camper

DIE 3 MUST DOS: Baumkronenpfad Hainich, Tretboot fahren, Wasser-Yoga

IM HERZEN THÜRINGENS, nahe dem geografischen Mittelpunkt Deutschlands, findet man den Ort Vogtei – und das am Stausee Seebach gelegene Palumpa-Land. Aus der Idee heraus, einen Campingplatz zu erschaffen, der es den Gästen ermöglicht, neue Lebensenergie zu tanken, ist dieser ungewöhnliche Flecken Erde entstanden. Und tatsächlich: So weit draußen, sorgt dieser Ort für Erholung und Entspannung pur.

Dank der rund 50 Standplätze findet jeder seine persönliche Wohlfühloase, meist sogar in erster Reihe zum See. Es gibt einen schönen Bereich, der durch Erdwälle in verschiedene Nischenbereiche untergliedert ist und sich sehr natürlich in die Landschaft einfügt. Der Uferbereich lädt zum Sonnen und süßen Nichtstun. Dort befindet sich auch die Strandbar, die ein reichhaltiges Angebot an Getränken und kleinen Speisen bereithält. Entlang einer Landzunge liegen die hauseigenen Boote, die man für einen Ausflug ausleihen kann. Für Kids gibt es im Sandbereich einen Spielplatz und für die Teens einen Beachvolleyballplatz. Bei schlechtem Wetter kann eine Indoorhalle genutzt werden.

Von so viel Natur umgeben, gibt es viele Möglichkeiten, etwas zu unternehmen. Vom Quaken der Frösche sollte man sich dabei allerdings nicht stören lassen …

Campingplatz Palumpa-Land · Am Stausee 1
99986 Vogtei (OT Niederdorla) · Tel. 03601/88 89 42 · palumpa-land.de
GPS: 51.15161, 10.46950

Freizeittipps in Thüringen

Modellbahn Wiehe
Am Anger 19
06571 Roßleben-Wiehe
modellbahn-wiehe.de
Die größte Modellbahn-Ganzjahresschau der Welt

Saalfelder Feengrotten
Feengrottenweg 2
07318 Saalfeld/Saale
feengrotten.de
Im Reich der Feen und Bergleute

Märchenwald Saalburg
Dornbachgrund 1
07929 Saalburg-Ebersdorf
saalburg-maerchenwald.de
Einmaliges Urlaubserlebnis für junge Familien

Erlebnis Bergwerk Merkers
Zufahrtstraße 1
36460 Merkers-Kieselbach
erlebnisbergwerk.de
Die Welt des weißen Goldes

Deutsches Spielzeugmuseum
Beethovenstraße 10
96515 Sonneberg
deutschesspielzeugmuseum.de
Da leuchten Kinderaugen!

Tierpark Suhl
Carl-Fiedler-Straße 58, 98527 Suhl
tierpark-suhl.eu
Europäische Haus- und Wildtiere

Explorata Mitmachwelt
Forstgasse 29, 98544 Zella-Mehlis
explorata.de
Die Phänomene dieser Welt zum Anfassen

egapark Erfurt
Gothaer Straße 38, 99094 Erfurt
egapark-erfurt.de
Einer der größten Gartenparks Deutschlands – toll für die ganze Familie

Baumkronenpfad im Nationalpark Hainich
Thiemsburg 1, 99947 Schönstedt
baumkronen-pfad.de
Ein Paradies für kleine und große Abenteurer

Kindererlebniswelt Rumpelburg
Sperlingsgasse 4
99947 Bad Langensalza
kindererlebniswelt-rumpelburg.de
Kindererlebniswelt mit einem Innen- und Außenspielgelände

← **... damit jeder seinen Place to be findet.**

Von hier aus geht's direkt ins Palumpa-Land.

46 Spielen und Toben bei jedem Wetter

Camper-Glück, …

WEIL Pomp und hip hier auf Natur treffen

FÜR Städtejunkies & Landverliebte

DIE 3 MUST DOS: Hangwellenrutsche, Seilbahn, Höhlenlandschaft

DRESDEN IST EINER DER COOLSTEN ORTE in Deutschland. Hier kann man gemütlich am Fluss flanieren oder durch die prachtvolle Altstadt schlendern, um im Anschluss in der hippen Neustadt zu shoppen, bis die Kreditkarte glüht. Wer seine Einkaufstüten nicht mehr tragen kann, begibt sich zurück zum Campingplatz. LuxOase Camping- & Freizeitpark liegt unmittelbar an einem Stausee. Dessen Uferbereiche sind naturbelassen, zahlreiche Tiere haben hier ihr Zuhause. Ins Wasser kommt man durch Buchten im Schilfgürtel oder über eine Wiese, von wo aus es flach reingeht. Wem es sich jetzt beim Gedanken an etwas Glitschiges an den Füßen schüttelt, der kann im Spaßbad abtauchen: Im drei Kilometer entfernten Großröhrsdorf befindet sich eines der schönsten Erlebnisbäder Sachsens.

Auf dem Platz selbst gibt es eine Spielelandschaft mit Höhlen, die über Sprachrohre verbunden sind, eine 30 Meter lange Seilbahn, ein Piratenschiff, das im Sandsee nur darauf wartet, von kleinen Piraten geentert zu werden. Sollte das Wetter nicht mitspielen, bietet ein Spieleturm über zwei Etagen Platz, sich die Zeit zu vertreiben. Mit Netzen gesichert, können auch Minis sorglos toben. Für Eltern gibt es gemütliche Liegen, auf denen man wunderbar Schmökern oder dem Nachwuchs zuschauen kann.

LuxOase Camping- & Freizeitpark · Arnsdorfer Str. 1 · 01900 Dresden
Tel. 035952/566 66 · luxoase.de
GPS: 51.120283, 13.980203

↑ In dem Kinderwaschland macht waschen Spaß.
↓ Abenteuer pur in der Naturspiellandschaft.

↑ Urlaub am Wasser, trotzdem ist die Kulturstadt Leipzig zum Greifen nah!

↓ Am »Kulki« kann man wunderbar baden, schwimmen und Boot fahren.

47 Nach dem Sport ist vor der Erholung

Camper-Glück, …

WEIL Urlaub am Wasser und Leipzig zum Greifen nah ist

FÜR Schnorchler & Taucher

DIE 3 MUST DOS: Tauchen, Schnorcheln, Leipzig

EINFACH MAL ABTAUCHEN! Am westlichen Stadtrand von Leipzig liegt der »Kulki«, wie Einheimische den Kulkwitzer See liebevoll nennen. Er ist nicht nur einer der beliebtesten Badeseen der Region, das glasklare Wasser und Sichttiefen bis 20 Meter machen ihn auch zu einem der bekanntesten Tauchreviere Deutschlands!
Der auf einer circa 400 Meter langen Halbinsel am Ostufer gelegene Campingplatz am Kulkwitzer See dient vielen als Basislager für ihre Unterwasserexpeditionen. Auf dem Grund des Kulki kann man »verborgene Schätze« entdecken, die speziell für die Taucher platziert wurden. Ein Abenteuer, von dem man seinen Freunden noch lange erzählen kann.
Für alle, die sich lieber oberhalb der Wasserfläche aufhalten, gibt es einen Sandstrand und reichlich Platz zum Erholen. Es braucht nur wenige Schritte bis dorthin, während die Kinder den Spielplatz am Seegarten-Imbiss unsicher machen können. Die freundliche, skandinavisch-anmutende Architektur und der private, ruhige Charakter der Landzunge tragen maßgeblich zur Entspannung bei. In der kalten Jahreszeit kommen Wärmesuchende in der am westlichen Ufer gelegenen Meri Sauna auf ihre Kosten.
Saison ist von April bis Oktober, rund 200 Standplätze unter schattenspendenden Bäumen sind vorhanden.

Camping am Kulkwitzer See · Seestraße 1 · 04207 Leipzig
Tel. 0341/71 07 70 · leipzigseen.de
GPS: 51.317077, 12.254718

48 Wildromantisch-kulturigrustikal

Camper-Glück, …

WEIL Persönlichkeitsentwicklung und Selbsterfahrung ganz oben stehen

FÜR Spirits & Freigeister

DIE 3 MUST DOS: Lagerfeuer, Schwitzhütte, Wald erforschen

IN DER FREIEN NATUR ZU STEHEN, gehört zu den schönsten Erlebnissen beim Campen. Da Wildcampen in Deutschland offiziell verboten ist, freuen wir uns über Alternativen. Im Freistaat Sachsen, mitten im Erzgebirge, gibt es einen kultigen Ort für Naturcamper und Outdoorfans. Waldcamping Thalheim ist so wild, so romantisch, so urig, so rustikal, dass sich Übernachten wie echtes Freistehen anfühlt – eben wildromantischkulturigrustikal. Man steht im lichten Birkenwäldchen, in versteckten Nischen, auf Waldboden oder einer großen Wiese. Kleine, wendige Campervans – und natürlich Expeditionsmobile – können den Platz problemlos anfahren. Alle anderen müssen sich was anderes suchen.
Munter sprudelt ein Bach neben dem überdachten Sitzplatz. Es ist ein unbeschreibliches Gefühl, rund ums Feuer zu sitzen und sich dabei spannende Geschichten zu erzählen. Und natürlich schmeckt über offener Flamme das zubereitete Essen gleich noch viel besser! In Thalheim steht das Naturerleben im Vordergrund, was sich auch im Programm widerspiegelt: Töpfern, Survivaltechniken, Kampkunst und Schwitzhüttenrituale. Inmitten so viel Natur beschäftigen sich Kinder deutlich länger ohne Input von Erwachsenen. Sie lieben es einfach, im Freien herumzusausen und Neues zu entdecken …

Waldcamping-Thalheim · Berghausweg · 09380 Thalheim/Erzgebirge
Tel. 0173/870 28 04 · waldcamping-thalheim.de
GPS: 50.707333, 12.842326

↑ Im Zentrum gibt es einen großen Gemeinschaftsbereich mit Feuerstelle.
↓ Mit Rücksicht auf die Natur ist hier »ursprüngliches« Camping angesagt.

Taucheinstieg am Kulkwitzer See

Freizeittipps in Sachsen

Saurierpark
Saurierpark 1, 02625 Bautzen
saurierpark.de
Wer kennt alle Dinos? Die in ihrer Größe und Art einmalige Anlage mit 16 Hektar ist der größte Saurierpark in Deutschland.

Kulturinsel – Die Geheime Welt von Turisede
Kulturinsel Einsiedel 1
02829 Neißeaue
turisede.de
Echte Abenteuer – ohne um die halbe Welt zu reisen

BELANTIS – Das AbenteuerReich
Zur Weißen Mark 1, 04249 Leipzig
belantis.de
Größter Freizeitpark in Mitteldeutschland

Freizeitpark Plohn
Rodewischer Str. 21
08485 Lengenfeld
freizeitpark-plohn.de
Acht Themenwelten mit Achterbahnen, Fahrgeschäften, Tiergehegen und lebensechten Dinosauriermodellen

Kunterbuntes
Bälle-Bad in der LuxOase

↑ Kleine und große Gäste suchen täglich nach Edelsteinen und Mineralien.
↓ Wer etwas findet, darf es mit nach Hause nehmen.

49 Der Schatz im Badeteich

Camper-Glück, ...

WEIL man steinreich an einzigartigen Erlebnissen wird

FÜR Schatzsucher & kleine Räuber

DIE 3 MUST DOS: Edelsteinmine, Felsenkirche, Edelstein-Erlebniswelt

JEDEN MORGEN UM 10.15 UHR beginnt der Tag auf dem Campingplatz Harfenmühle mit einer Schatzsuche. Dann stehen Dutzende mit Eimerchen bewaffnete Kids in Badeschuhen und Gummistiefeln am Wasserspielplatz und schürfen, was das Zeug hält. Hier strahlen Kinderaugen mit Halbedelsteinen um die Wette! Später lädt der Naturbadeteich zum ausgelassenen Freizeitspaß: Ob mit Luftmatratze oder aufblasbarem Einhorn – langweilig wird's hier niemandem.

Der Campingplatz ist ein familiengeführtes Unternehmen, das seinen Besuchern Gastfreundschaft mit Herz und Seele bietet. Das Gelände ist abwechslungsreich gestaltet und besteht aus großen Wiesen- und Waldflächen. Aufgeteilt in Ruhebereiche und Plätze für Sport und Spiel, findet garantiert jeder seinen Lieblingsort.

Die Region um Idar-Oberstein ist ein Glücksort für Edelsteinliebhaber. Seltene Mineralien und berühmte Fossilienfundstätten treffen auf exzellente Pretiosen. Ein Besuch der sagenumwobenen Felsenkirche oder des historischen Herrstein lassen geschichtsträchtige Luft atmen. Eine Führung bringt die Familie zu dem Turm, der dem Räuberhauptmann Schinderhannes einst für eine Nacht als Gefängnis diente. Wer Fleisch mag, darf sich die Hunsrücker Küche mit Spießbraten und gefüllten Klößen nicht entgehen lassen.

Camping Harfenmühle · Harfenmühle 2 · 55758 Mörschied
Tel. 06786/13 04 · harfenmuehle.de
GPS: 49.804339, 7.269592

50 Ein klarer Fall von Grenzüberschreitung

Camper-Glück, …

WEIL auch kleine Eskapaden ganz groß sind

FÜR Römer-Fans & Grenzgänger

DIE 3 MUST DOS: Porta Nigra, Mullerthal Trail, Wolfsschlucht

OB ENTSPANNTER SPAZIERGANG oder aktive Wanderung: Die Inspirationen für den perfekten Urlaubstag finden sich in eurer direkten Umgebung! Inmitten der Kleinen Luxemburger Schweiz, direkt am Ufer des Grenzflusses Sauer, liegt der Campingpark Freibad Echternacherbrück. Echternach, eine der ältesten Städte Luxemburgs, befindet sich unmittelbar auf der gegenüberliegenden Flussseite. Die Brücke ist schnell passiert, um dem zweitkleinsten Staat der Europäischen Union einen Besuch abzustatten. Vorzubereiten gibt es nicht viel. Ein paar Getränke und Snacks für ein Picknick, ansonsten ist alles bereits im Rucksack, was für einen gelungenen Tagesausflug nötig ist: Spontaneität und Lust auf Draußen!
Der gemeindeeigene Campingpark erstreckt sich auf einem Kilometer Länge entlang der Sauer, die Standplätze liegen direkt am Wasser. Das angrenzende Freibad lockt mit großer Liegewiese sowie einem Bistro-Biergarten.
Für Kids und Teens wird in der Hochsaison ein buntes Mitmachprogramm geboten. Zudem beschäftigen Billard, Dart, Kicker, Airhockey und Playstation.
Trier ist nicht weit und drängt sich als älteste Stadt Deutschlands mit all den Zeugnissen aus der Römerzeit geradezu auf.

Campingpark Freibad Echternacherbrück · Mindener Str. 18
54668 Echternacherbrück · Tel. 06525/340
echternacherbrueck.de/campingplatz
GPS: 49.812466, 6.431552

↑ Der Eintritt ins Freibad ist für Campinggäste frei.
↓ Das Spielen auf einer runden Tischtennisplatte ist ein verrückter Spaß.

↑ Die Campinginsel bietet vielfältige Angel- und Bademöglichkeiten.
↓ Der Platz begeistert mit eigenem Bootshafen und persönlicher Atmosphäre.

51 Sonne, Spaß und Inselglück

Camper-Glück, …

WEIL man auf einer Insel sein kann

FÜR Individualisten & Freizeitkapitäne

DIE 3 MUST DOS: SUPen, Wasserski, Kanutouren

AUF EINER KLEINEN INSEL BEI TREIS-KARDEN liegt Mosel Islands. Allein das macht den Fünf-Sterne-Campingplatz, der über eine Brücke mit dem südlichen Moselufer verbunden ist, bereits zu einem besonderen Ort. Eine Vielzahl großzügiger Stellflächen, ebenes Wiesengelände sowie einige größere Laubbäume lassen das Camper-Herz höher schlagen.

Mosel Islands verfügt an seinem östlichen Ende über einen kleinen Bootshafen. Und so sind es vor allem Wassersportaktivitäten, mit denen der Platz punktet. Hier können Boote – mit oder ohne Steuermann – ausgeliehen werden, für eine Spritztour oder eine Runde Wasserski. Wer will, macht seinen Sportbootführerschein. Gegessen wird – wen wundert's? – in einem Bootsrestaurant.

Für all diejenigen, die es gerne etwas ruhiger angehen, bietet sich Angeln, SUPen oder Schwimmen an. In einem Seitenarm der Laach ohne Bootsverkehr können Wasserratten ihre Bahnen sicher ziehen. Ein großer Spielplatz mit Trampolinanlage, Tischtennisplatten sowie ein Bolzplatz machen nicht nur Kindern Spaß, auch Erwachsene genießen die Bewegung an der frischen Luft. Die Urlaubsregion Eifel – Mosel – Hunsrück bietet zudem zahlreiche lohnende Ziele für die ganze Familie. Der Platz ist geöffnet vom 1. April bis zum 30. Oktober.

Mosel Islands · Am Laach · 56253 Treis-Karden
Tel. 02672/2613 · mosel-islands.de
GPS: 50.171023, 7.292644

52 Vier Jahreszeiten und ein Mühlenteich

Camper-Glück, …

WEIL Spiel ohne Animation kreativ macht

FÜR Schaumschläger & Schneehasen

DIE 3 MUST DOS: Schaumparty, Baden, Schlittschuhlaufen

FRÜHLING, SOMMER, HERBST UND WINTER – der Campingplatz am Mühlenteich ist das ganze Jahr hindurch geöffnet. Ob Ostereiersuche, Maibaumaufstellen oder Martinsfeuer – hier sind die saisonalen Festivitäten die Hits für Kids. Es gibt kaum klassische Animation. Legendär sind dafür die im Sommer stattfindenden Schaumpartys, die gerade beim jüngeren Publikum hervorragend ankommen.

Der Teich lädt zum Baden, Schwimmen und Sonnen ein.

Der großzügig angelegte Campingplatz liegt am Rande eines duftenden Nadelwaldes. Gleich in zwei Richtungen eröffnet sich ein herrlicher Blick über die Hunsrückhöhen. Naturfreunde können im Herbst Pilze suchen oder das frei laufende Wild beobachten. Brombeeren, Heidelbeeren, Hagebutten – sie alle schmecken selbst gepflückt am besten. Aber natürlich kann man auch einmal nichts tun, vor dem Wohnmobil sitzen und die Zeit vergessen.
Das Highlight des Platzes ist ohne Frage der Naturschwimmteich mit großer Liegewiese. Wo sich in den wärmeren Jahreszeiten die Gäste in Badesachen tummeln, kann man im Winter – bei entsprechenden Minustemperaturen – prima Eislaufen. Und hat es geschneit, gibt es sogar eine super Schlittenbahn. An manchen Abenden braust man hier bei Musik den Hang hinab. Zum Aufwärmen gibt's an der Schneebar noch 'nen heißen Kinderpunsch. Echt hot!

Camping am Mühlenteich · Am Mühlenteich · 56291 Lingerhahn
Tel. 06746/533 · muehlenteich.de
GPS: 50.098320, 7.572066

↑ Die alte Mühle bietet Moselweine, regionales Bier und feine Landhausküche.
↓ Wie wär's mit Blechkuchen, Kakao, Kaffee oder Tee?

53 Vogelgezwitscher am Mühlgraben

Camper-Glück, …

WEIL Wald und Wiese der schönste Spielplatz sind

FÜR Schatzsucher, Höhlenabenteurer & Waldläufer

DIE 3 MUST DOS: Abenteuer-Kindergeburtstag, Ehrenburg, Ehrbachklamm

UNTERHALB DER EHRENBURG, im urigen Ehrbachtal und eingebettet zwischen Wald und Wiesen, erwartet die Familie ein Stückchen heile Welt.

Zur 450 Jahre alten Mühle Vogelsang, in der ein campingeigenes Restaurant untergebracht ist, gehört eine gepflegte Zelt- und Campingwiese in einzigartiger Alleinlage. Auf dem ganzjährig geöffneten Platz finden sich rund 120 unparzellierte Plätze für Zelte und Camper. Das Areal erstreckt sich entlang des Mühlgrabens, der mit seinem glasklaren Wasser das Mühlrad antreibt. Dieser grüne Flecken Erde bietet eine Idylle, die ihresgleichen sucht. In der Früh vom Gezwitscher der allgegenwärtigen Vögel geweckt, entspannt man tagsüber bei Kaffee und Kuchen vor dem Camper, während am späten Abend das leise Rauschen des Waldes ein sanftes Schlaflied säuselt.

Die Historische Mühle Vogelsang eignet sich für naturverbundene Familien, die Ruhe und Abgeschiedenheit suchen. Zum Animationsprogramm gehören individuell ausgerichtete Kindergeburtstage sowie aktiv-abenteuerliche Ferienspiele. Der Streichelzoo erfreut sich größter Beliebtheit: Wo sonst kann man schon mit einer Ziege Gassi gehen? Das gastronomische Angebot der Mühle wird gehobenen Vorstellungen gerecht. Zum Einkaufen fährt man nach Alken.

Camping Historische Mühle Vogelsang · Rhein-Mosel-Str. 63
56332 Brodenbach · Tel. 02605/14 37 · muehle-vogelsang.de
GPS: 50.221212, 7.445700

54 Herr der Dinge

Camper-Glück, …

WEIL 150-jährige Bäume eine besondere Atmosphäre ausstrahlen

FÜR Fantasten & Romantiker

DIE 3 MUST DOS: Auenlandweg, Besucherbergwerk Bindweide, Kletterwald

DRAUSSEN ZU ÜBERNACHTEN ist ein echtes Abenteuer. Der Wald in unseren Breiten ist zwar eine harmlose Gegend, verglichen mit mediterranen Olivenhainen, wo sich giftige Schlangen und Krabbeltierchen auf der Suche nach Wärme am liebsten mit in den Schlafsack kuscheln wollen. Dennoch kann ein Ausflug in die heimische Natur aufregender sein als jeder Fernsehkrimi …

Zwischen Buchen und Eichen, umgeben von Wiesen und Auen, steht es sich wunderschön auf dem Campingplatz im Eichelwald. Der alte Baumbestand macht das Gelände so reizvoll und sorgt für viel Schatten an heißen Tagen. Hier kann man prima die eigene Hängematte installieren und die Nacht unterm Sternenzelt verbringen. Schlummern und einfach mal über den Dingen schweben – klingt das nicht fantastisch?

Der Campingplatz ist ganzjährig geöffnet und verfügt über großzügige Standplätze. Gruppen haben die Möglichkeit, eine Grillhütte zu nutzen.

Der Auenlandweg führt durch weite Wiesenlandschaften und dichte Wälder. Die Natur strahlt dabei eine Mystik aus, als sei sie direkt der »Herr der Ringe«-Trilogie entsprungen.

Am Ende des Urlaubs ist sich jeder sicher: Campen mit Ameisen unter der Bettdecke? Alles halb so schlimm!

Camping im Eichenwald · Im Eichenwald · 57537 Mittelhof
Tel. 02742/91 06 43 · camping-im-eichenwald.de
GPS: 50.780224, 7.798866

Die über 150 Jahre alten Bäume geben dem Platz eine besondere Atmosphäre.

↑ Der Campingplatz mit seinen zig Mietunterkünften ist ganzjährig geöffnet.
↓ Die Märchenhäuser sind auf die Bedürfnisse von Familien zugeschnitten.

55 See ist das neue Meer

Camper-Glück, …

WEIL alle Wind in den Segeln haben

FÜR Leichtmatrosen & Wasserratten

DIE 3 MUST DOS: Wellenrutsche, Fußballgolfanlage, Aqua Mundo

ALS GRÖSSTER FREIZEITSEE SÜDWESTDEUTSCHLANDS ist der Bostalsee ideal für alle, die sich nach dem Meer sehnen. Zwei Strandbäder mit langen Sandstränden und großzügigen Liegewiesen laden zum exzessiven Baden oder Sandburgenbauen ein. Eine 25 Meter lange Wellenrutsche sorgt in Bosen für den Adrenalinkick. Es gibt auch eine Fußballgolfanlage, echt genial! Bei einer Seeumrundung lassen sich immer wieder schöne Ausblicke genießen. Die günstigen Windverhältnisse machen den See zu einem beliebten Segelrevier. Wer das Segeln oder Surfen erlernen möchte, der ist bei den ansässigen Segel- oder Surfschulen gut aufgehoben. Ganz ohne Segel geht es aber auch: mit dem Tret- oder Elektroboot! Oder wie wäre es mit einer Runde SUPen? Wer kein eigenes Board hat, leiht sich eins aus. Auf dem Campingplatz Bostalsee wird im Sommer zudem ein kunterbuntes Kinderprogramm geboten. Erwachsene, die es lieber gemütlich angehen möchten, buchen die Sauna des Campingplatzes.

Im subtropischen Schwimmbad Aqua Mundo sorgt eine Luft- und Wassertemperatur von 31 °C für Urlaubsgefühle an 365 Tagen im Jahr. Am Rande des Nationalparks Hunsrück-Hochwald und inmitten der schönen Urlaubsregion des Sankt Wendeler Lands gibt es weitere lohnende Ausflugsziele.

Campingplatz Bostalsee · Am Campingplatz 1 · 66625 Bosen
Tel. 06851/801 80 50 · bostalsee.de/bostalsee-camping
GPS: 49.560801, 7.060607

Freizeittipps in Rheinland-Pfalz und dem Saarland

Nürburgring
Otto-Flimm-Str. 1, 53520 Nürburg
nuerburgring.de
Einzigartiges Ausflugsziel für kleine und große Motorsportfans

Eifelpark
Weißstr. 12, 54647 Gondorf
eifelpark.de
Das besondere Familienabenteuer

Kurpfalz-Park
Rotsteig, 67157 Wachenheim an der Weinstraße
kurpfalz-park.de
Der große Wild- und Erlebnispark bietet Natur und Spaß

SEA LIFE Speyer
Im Hafenbecken 5, 67346 Speyer
visitsealife.de/speyer
Abtauchen ins tropische Korallenriff

Holiday Park
Holiday-Park-Str. 1–5
67454 Haßloch/Pfalz
holidaypark.de
Großer Freizeitpark in der Nähe von Mannheim

↑ Spielplatz auf dem Camping am Mühlenteich

Outdoor-Kletterfun auf Mosel Islands

56 Jetzt ist Power angesagt!

Camper-Glück, ...

WEIL hier das Wassersportparadies auf Erden ist

FÜR alle, die sich so richtig austoben wollen

DIE 3 MUST DOS: Wakeboard, Wasserski, Schwimmen

EIN AUSFLUG AN DEN ST. LEONER SEE lässt Wassersportler-Herzen höher schlagen. Ganz klar: Die Erholungsanlage punktet mit Vielfalt. Egal, ob ihr schon immer mal Wakeboarden wolltet, euch noch ein steiles SUP-Selfie fehlt oder es einfach Zeit wird, euren coolen Beach-Look zu zeigen: Der St. Leoner See zwischen Bruchsal und Mannheim eröffnet seinen Gästen ungeahnte Freizeitmöglichkeiten. Wer die Augen offen hält, wird vielleicht den einen oder anderen Profi spotten, der ein paar Tricks zeigen kann. Nach einem actionreichen Tag kann man am Badesee gemütlich abhängen. Der Platz verfügt zudem über einen Nichtschwimmerbereich, sodass auch die Jüngsten – mit Schaufel und Sandförmchen ausgestattet – auf ihre Kosten kommen. Während der Ferienzeit wird eine Animation angeboten, zudem stehen verschiedene Spiel- und Sportplätze zur Verfügung.

Ein kleiner Lebensmittelmarkt für Selbstversorger und verschiedene gastronomische Einrichtungen für diejenigen, die das Kochen im Urlaub gern anderen überlassen, sind auf dem Platz zu finden. Die Anlage liegt in einer der abwechslungsreichsten Gegenden Deutschlands, der Metropolregion Rhein-Neckar. Ein Ausflug nach Heidelberg für einen Bummel durch die romantische Altstadt oder ein Besuch des Schlosses bietet sich an.

Erholungsanlage St. Leoner See · Am St. Leoner See 1
68789 St. Leon-Rot · Tel. 06227/590 09 · st.leoner-see.de
GPS: 49.284778, 8.587499

↑ Der Campingplatz ist in eine schöne Erholungsanlage eingebettet.
↓ Am St. Leoner See lassen Wakeboarder das Wasser hoch aufspritzen.

↑ Übernachtungen sind hier auch im Tipi möglich.
↓ Die stylische Camping-Café-Bar ist auch für Wanderer und Radler geöffnet.

57 Achtung: Abenteuer!

Camper-Glück …

WEIL Neckar und Odenwald eine super Kombi ist

FÜR Abenteurer & Expeditionsteilnehmer

DIE 3 MUST DOS: Margarethenschlucht, Katzenbuckelsee, Kanutour

ÜBERHÄNGENDE FELSEN und wildromantische Wasserfälle – die Margarethenschlucht ist magisch! Zwischen Mosbach und Eberbach, eingebettet in die idyllische Landschaft des Neckartals, ist dieses Ausflugsziel wie geschaffen für Familien, die bei einer Wanderung zum höchsten Wasserfall des Odenwalds ein kleines Abenteuer erleben wollen. Los geht's am Odenwald river camp. Nicht lange und es eröffnet sich ein spektakulärer Blick auf den Neckar und die umgebenden Hänge. Ein paar Schritte weiter präsentiert sich der Eingang zur Schlucht. Es riecht nach Moos und Erde. Nach einem ersten, tiefen Atemzug wird es ernst! Steil windet sich der Wanderweg über Sandsteinfelsen und schmale Pfade immer weiter nach oben. Gleich mehrere Wasserfälle müssen passiert werden – der höchste stürzt zehn Meter in die Tiefe! Zur Belohnung wartet am Ende ein Wildtiergehege auf die Wanderer.

Seien wir ehrlich: Für jemanden, der einfach nur ein paar Tage an einem Fleck sitzen und nichts tun möchte, ist das Odenwald river camp nichts. Denn es ist kein normaler Campingplatz, es ist Basislager für Exkursionen in die wilde Natur! Um den Urlaubern ein ruhiges und sicheres Ambiente zu bieten, dürfen keine Fahrzeuge auf den Platz – ausgenommen die, die zum Übernachten benötigt werden.

Odenwald river camp · Bannwiesen 1 · 69437 Neckargerach
Tel. 06263/427 66 30 · odenwald.camp
GPS: 49.395829, 9.069288

58 Lagerfeuerromantik und viel Freiheit

Camper-Glück, …

WEIL Natur ganzjährig erlebt werden kann

FÜR umweltbewusste Camper & Freunde bedrohter Tierrassen

DIE 3 MUST DOS: Beppo & Robin streicheln, Waldschafe schauen, Blautopf

EINGERAHMT VON DICHTEM WALD, soll der Sage nach im »Blautopf« eine Nixe leben. Das Wasser der Karstquelle leuchtet in einem so intensiven, mystischen Blau-Türkis, dass man das gerne glauben möchte.

30 Minuten Autofahrt entfernt, zwischen Reutlingen und Ulm, liegt die kleine Stadt Münsingen. Die Gegend präsentiert sich abwechslungsreich, die Landschaft ist geprägt durch Streuobstwiesen, Wälder, Ackerflächen und Wacholderheiden. Ein echter Herzensöffner! Das terrassenförmig angelegte Gelände von Hofgut Hopfenburg mit eigenem Bauernhof hält für alle Gäste eine große Portion Urlaubsglück bereit! Die – teils unparzellierten – Standplätze bieten einen unglaublichen Panoramablick in die Ferne. Das Biosphärengebiet Schwäbische Alb ist zum Teil auf einem ehemaligen Truppenübungsplatz entstanden. Längst haben sich Flora und Fauna das Gelände zurückerobert …

Während der Ferien gibt es schöne Mitmachangebote für Kinder, darüber hinaus stehen ihnen viele Bewegungsmöglichkeiten offen – beispielsweise in der Spielscheune. Es ist jedem selbst überlassen, ob er chillen oder aktiv sein möchte. Gemeinsam abends am Lagerfeuer zu sitzen und die Sterne dabei zu zählen, sollte sich jedoch niemand entgehen lassen!

Hofgut Hopfenburg · Hopfenburg 12 · 72525 Münsingen
Tel. 07381/93 11 93 11 · hofgut-hopfenburg.de
GPS: 48.403841, 9.508105

↑ Die Poitou-Esel Beppo und Robin sind unzertrennliche Freunde.
↓ Camping mit Panoramablick auf die sanfte Kuppenlandschaft der Alb.

↑ Der Campingplatz liegt an einem Südhang, direkt am Haselbachstausee.
↓ Der See ist ein Ferienparadies – mit Sandstrand und Liegewiese.

59

Hoch die Hände, Wochenende!

Camper-Glück, …

WEIL man hier die angenehme Qual der Wahl hat

FÜR Naturentdecker & Wassersportler

DIE 3 MUST DOS: Besucherbergwerk, Wellenbad Ellwangen, Limes-Therme

---

SIE SINGEN BEI SONNENAUFGANG ihre Lieder und stibitzen uns manchmal die Krümel vom Frühstückstisch: kleine, freche Piepmätze. Vögel bekommt man so einige zu Gesicht auf dem Campingplatz Sonneneck. Dieser liegt nämlich inmitten wunderschöner Natur, direkt am Haselbachsee. Hier kann man nicht nur tolle Tierbeobachtungen machen, er ist auch ein echtes Paradies für Wassersportler. Segeln, Surfen, Boot fahren – und im August ein Seefest – das zieht zahlreiche Besucher an. Am Sandstrand kann man sich herrlich die Zeit vertreiben.

Das Areal umfasst ca. 120 Standplätze und ist terrassenförmig angelegt. Jüngere Gäste beschäftigen sich gern mit Kinderspielplatz und Rutsche, Schaukel, Kletterschiff und Tischtennis.

Die Unternehmungsmöglichkeiten in der näheren und weiteren Umgebung können sich durchaus sehen lassen: Schwaben Park, PLAYMOBIL®-FunPark, Golfpark Romantische Straße Dinkelsbühl, Skypark epia Kletterwald, Pfauengarten Stödtlen-Gaxhardt, Funtasia Kinderland Dinkelsbühl, Zauberwald Fichtenau … – jeder einzelne Freizeitort ist garantiert einen Tagesausflug wert.

Und wer einfach einmal faul sein will, entspannt im Campingstuhl vor dem Wohnmobil. Aber Achtung, so viel frische Luft macht müde!

Campingplatz Sonneneck · Haselbach 12 · 73488 Ellenberg
Tel. 07965/23 59 · camping-sonneneck.de
GPS: 48.986818, 10.216984

60 Uriger Platz der Superlative

Camper-Glück, ...

WEIL aller erdenkliche Komfort großgeschrieben wird

FÜR Freunde urigen Residierens

DIE 3 MUST DOS: Spielscheune, Abenteuerspielplatz, Freibad

WUNDERSCHÖN GELEGEN, ist das Ferienparadies Schwarzwälder Hof ein Refugium für Erholungssuchende. Das Hauptgebäude gilt als das größte Naturstammblockhaus Deutschlands – gebaut aus dem Holz heimischer Nadelbäume. Auf seinen terrassenförmig angelegten Standplätzen bietet der Campingplatz allen erdenklichen Komfort.

Während der Hauptferienzeit lässt eine vielseitige Animation keine Langeweile aufkommen: geführte Familientouren mit Mühlenbesichtigung und Bauernvesper, ein Besuch der Hammerschmiede, in der einst die Waffen für die ansässigen Ritter angefertigt wurden, Ruinenwanderung mit Sagenerzählung, Stockbrotbacken, Ponyreiten oder das beliebte Bötchenbauen mit anschließendem Rennen. Lecker, lehrreich und unterhaltsam – so lässt sich das Programm am besten zusammenfassen. Wie geschaffen für das große Spielabenteuer ist der rustikale Abenteuerspielplatz mit vielen Kletter- und Schaukelmöglichkeiten, einer Rutsche und Sandbereich. Die Indoor-Spielscheune mit Kletteranlage und Röhrenrutsche ist ideal bei schlechter Witterung. Egal bei welchem Wetter: Die Erwachsenen freuen sich über eine Auszeit in der hofeigenen Spa-Erlebniswelt. Spaß und Erfrischung an heißen Tagen finden alle nebenan im Seelbacher Familienbad mit Wellenrutsche & Co.

Ferienparadies Schwarzwälder Hof · Tretenhofstraße 76 · 77960 Seelbach
Tel. 07823/96 09 50 · spacamping.de
GPS: 48.299721, 7.943645

↑ Aufstelldach hoch und Klappstühle raus: So geht Campen!

↓ Das Hallenbad mit seiner außergewöhnlichen Optik ist ein Schmuckstück.

↑ Das Camp Resort bietet abenteuerliches Setting für den Familienurlaub.
↓ Tagsüber fast idyllisch, geht es bei Parkschließung recht wuselig zu.

61 Ganz Europa an nur einem Tag

Camper-Glück, …

WEIL sich Urlaubsflair europäischer Länder spüren lässt

FÜR Weltenbummler & Roller-Coaster-Junkies

DIE 3 MUST DOS: Silver Star, Voletarium, Irland – Welt der Kinder

DIE KÖRPER WERDEN IN DEN SITZ gepresst, schon nach wenigen Loopings haben alle jeglichen Sinn für oben und unten verloren. Die ganze Familie kreischt vor Freude. Immer höher, immer schneller! Ob Groß, ob Klein – beim Achterbahnfahren schüttet jeder Gute-Laune-Hormone aus.

Eins ist der Europa-Park mit Sicherheit nicht: ein Geheimtipp. Im meistbesuchten Freizeitpark des gesamten deutschsprachigen Raums können die Besucher jede Menge Europa an einem einzigen Tag erleben. Italien, Spanien, Griechenland, die Schweiz … – auf einer Gesamtfläche von rund 54 Hektar gibt es in 18 Themenbereichen über 100 Fahrgeschäfte und noch viel mehr zu entdecken. Allein die Achterbahnen – 13 an der Zahl – garantieren ein freudiges Länder-Hopping.

Zum Glück liegt das Camp Resort mit seinen 200 Stellplätzen, dem Western-Kiosk, modernen Sanitäreinrichtungen sowie Wasser- und Stromanschlüssen nur fünf kurze Gehminuten vom Haupteingang entfernt. So können alle nach einem langen, spaßigen Tag direkt ins Wohnmobil-Bettchen fallen. Es stellt sich jedoch die Frage, ob der Nachwuchs – mit Blick auf den imposanten Silver Star – überhaupt ein Auge zumachen wird …

Europa-Park Camping · Rheinweg 5 · 77977 Rust
Tel. 07822/860 55 65
europapark.de/de/uebernachten/europa-park-camping
GPS: 48.270207, 7.719551

62 Vom Mittelalter ins Jetzt

Camper-Glück, ...

WEIL man den Bodensee schon riechen kann

FÜR Mittelalterfans & Tierstreichler

DIE 3 MUST DOS: Minigolf, Campus Galli, Bodensee

IN MESSKIRCH WIRD FLEISSIG GEBAUT. Nicht an einem Campingplatz, sondern an der Nachbildung eines frühmittelalterlichen Klosters mit Abteikirche, Wohnräumen, Werkstätten, Stallungen und Kräutergärten – mit den Techniken von vor 1200 Jahren. »Campus Galli« ist Freilichtmuseum, Baustelle und Forschungsprojekt. Auf der Grundlage des »St. Galler Klosterplans« arbeiten hier Steinmetze, Korbmacher, Töpfer, Schmiede, Schreiner … Die unterschiedlichsten Handwerker tragen dazu bei, dass es auf der Baustelle immer was zu sehen gibt. Der Campus-eigene Parkplatz ist für Camper geeignet, allerdings darf hier nicht übernachtet werden. Es bietet sich daher an, den 30 Kilometer entfernten Camping- und Ferienpark Orsingen-Nenzingen anzusteuern. Direkt am Wald und nur einen Katzensprung vom Bodensee entfernt, liegt das kleine Ferienparadies, zu dessen Highlights ein leuchtend blaues, beheiztes Freibad, ein top Animationsprogram sowie flauschige Schäfchen, neugierige Ziegen und eine Eselfamilie gehören. Ein großzügiges Kinderhaus bietet Möglichkeit zum Basteln, Malen, Tanzen und Toben.

Psst! Auf dem Spielplatz kommt es des Öfteren zu Piratenangriffen auf das große Holzschiff, die von den kleinen Gästen glücklicherweise regelmäßig vereitelt werden.

Camping- und Ferienpark Orsingen-Nenzingen · Am Alten Sportplatz 8
78359 Orsingen-Nenzingen · Tel. 07774/999 91 00 · camping-orsingen.de
GPS: 47.841921, 8.936660

↑ Im Gespräch: Handwerker vor der Scheune auf dem Campus Galli.
↓ Kinder lieben es, Tiere zu umsorgen.

↑ Cooler Badespaß am Pool von Camping Münstertal.

↓ Für kleine Entdecker gibt es einen großen Abenteuerspielplatz.

63 Unser Urlaub – unser Ziel

Camper-Glück, ...

WEIL man die angenehme Qual der Wahl hat

FÜR Gipfelstürmer & Camping-Chiller

DIE 3 MUST DOS: Reitstall, Bogenschießen, Fackelwanderung

20 MINUTEN DAUERT DER GENUSS, mit Deutschlands längster Umlaufseilbahn neuen Perspektiven entgegenzuschweben. Auf 1284 Meter an der höchsten Adresse Freiburgs angekommen, bieten sich vom Schauinsland grenzenlose Weitsichten. »Sieh mal, dort hinten – da wollen wir auch noch hin!« Die für Familien so attraktive Lage im Dreiländereck macht die Auswahl an Ausflugszielen insofern schwierig, als man gar nicht weiß, wo man zuerst hinsoll. Hat man endlich seine Sightseeing-Liste abgehakt, darf man sich getrost für einige Tage auf einem komfortablen Campingplatz niederlassen. Rund 23 Kilometer von der Talstation der Schauinslandbahn entfernt liegt Camping Münstertal – einer der besten Campingplätze Deutschlands. Stammgäste bezeichnen ihn gern als ihre zweite Heimat.

Die großflächige Anlage mit Hallen- und Freibad, Saunalandschaft, Angelweiher mit Forellen, Biotop, Kinderspielplatz und Sportplätzen bietet vielfältige Freizeitmöglichkeiten. Ein Reitstall mit Ponys und Islandpferden kommt noch hinzu. Während der Ferienzeit sorgt ein umfangreiches Freizeit- und Kinderprogramm mit Basteltreffs und Waldnachmittagen, Fackelwanderungen, Platzkonzerten und Filmvorführungen für echte Abwechslung.

Der Platz ist ganzjährig geöffnet.

Camping Münstertal · Dietzelbachstr. 6 · 79244 Münstertal (Schwarzwald)
Tel. 07636/70 80 · camping-muenstertal.de
GPS: 47.859455, 7.763831

64 Heimat. Gefühl. Erleben.

Camper-Glück …

WEIL man als Camper den Hof gemacht bekommt

FÜR die, die gerne mit dem Bauern auf dem Traktor sitzen

DIE 3 MUST DOS: Freiheit atmen, den Tag genießen, unter Sternen träumen

ES MACHT SICH BREIT, das kollektive Gefühl von Camper-Glück … Mitten im Schwarzwald, ganz in der Nähe von Freiburg, liegt der Campingplatz Kirnermarteshof. Ein echter Sehnsuchtsort für Familien, die auf der Suche nach Authentizität sind.
Den Gästen wird viel geboten: frische Milch, Apfelsaft, Flammkuchen, Pizza aus dem Steinofen … Und ein lebendiger Einblick in das Leben auf einem Bauernhof: Kühe melken. Ziegen füttern. Kälber tränken. Ponystall ausmisten. Aber auch: Tiere streicheln. Im Stroh tollen. Mit den Fröschen um die Wette quaken. Über Wiesen springen. Viel Raum für inspirierende Begegnungen und Momente, die in Erinnerung bleiben …
45 Standplätze für Wohnmobile bieten reichlich Platz für die persönliche Entfaltung. Die Ver- und Entsorgung ist gewährleistet. Duschen, Waschmaschine und Trockner, Geschirrspülraum – alles da. Haben die Kinder erst einmal den Abenteuerspielplatz Wasserpumpe und Zugang zum Bach entdeckt, bleibt kaum noch Zeit für die Eltern. Aber das macht nichts, denn die tummeln sich im Sauna- und Wellnessbereich im Holzzuber für Milch- und Honigbäder oder im Außen-Whirlpool.
Und was nehmen alle mit auf den Heimweg? Viele Erinnerungen und das schöne Gefühl, ein zweites Zuhause gefunden zu haben.

Campingplatz Kirnermarteshof · Vörlinsbach 22 · 79254 Oberried
Tel. 07661/47 27 · camping-kirnermartes.de
GPS: 47.929127, 7.958682

Hier ist das Füttern der frechen Ziegen ein lustiger Spaß.

↑ Der Campingpark thront einige Höhenmeter über der Rheinebene.
↓ Jugendliche und Erwachsene lieben actiongeladene Raftingtouren.

65 Ein weiter Blick für ein weites Herz

Camper-Glück, ...

WEIL es hier die schönste Fernsicht in Richtung Vogesen gibt

FÜR aktive Kids & Adrenalinjunkies

DIE 3 MUST DOS: Fallschirmspiele, Raftingtouren, Ponyreiten

AM SÜDLICHEN SCHWARZWALD, zwischen Weinbergen, Wiesen und Feldern, liegt der mehrfach ausgezeichnete Campingpark Lug ins Land. Auf dem ganzjährig geöffneten 5-Sterne-Platz stehen rund 220 geräumige Parzellen zur Verfügung.

Ein bunter Strauß an Aktivitäten macht diesen Ort zu etwas Besonderem. Die Jüngsten erwartet neben einem großen Spielplatz und einem Streichelzoo auch ein liebevolles und abwechslungsreiches Animationsprogramm. Bei den jugendlichen Gästen darf's schon etwas sportlicher zugehen: Raftingtouren und ein Bikeparcours lassen das Adrenalin in die Höhe schießen. Ein beheiztes Freibad, ein Platzrestaurant und ein Einkaufskiosk runden das Rundum-Sorglos-Paket ab.

Nicht weit entfernt gibt es einen Reiterhof für Reitstunden oder geführte Ausritte sowie mehrere Golfplätze. Wanderer und Radfahrer kommen in dieser wunderbaren Landschaft ohnehin voll auf ihre Kosten. Bad Bellingen, ein reizendes Städtchen mit malerischer Altstadt, lockt Erholungssuchende mit seiner Therme – Deutschlands sonnenreichstes Heilbad. Im Dreiländereck zwischen Deutschland, Frankreich und der Schweiz ist die Auswahl an Freizeitmöglichkeiten vielfältig. Ob man viel erleben oder einen Gang runterschalten möchte: Den Sonnenuntergang sollte sich niemand entgehen lassen!

Kur Erlebnis Campingpark Lug ins Land · Römerstraße 3
79415 Bad Bellingen · Tel. 07635/827 77 08 · camping-luginsland.de
GPS: 47.713317, 7.547769

66 Im Sommer Traum, im Winter Wunderland

Camper-Glück, …

WEIL hier die Sonne den Schnee küsst

FÜR kleine Schneehasen & große Wintersportler

DIE 3 MUST DOS: Fackelwanderung, Langlauf, Rodeln

IDYLLISCH IM SCHWARZWALD GELEGEN, hat man hier die unverfälschte Natur direkt vor der Nase. Umgeben von dichten Wäldern, klaren Bergseen und satten Wiesen lässt sich wunderbar durchatmen.
Camping Bankenhof ist ein moderner Campingplatz mit guter Infrastruktur. Kinderspielplätze, Go-Karts und ein Fußballplatz lassen in den wärmeren Monaten keine Langeweile aufkommen. In und

Der nahe gelegene Titisee ist nur eine Attraktion des Campingplatzes.

um Hinterzarten gibt es reichlich Ausflugsziele, die sich leicht zu Fuß oder mit dem Fahrrad erreichen lassen.
Obwohl die Gegend rund um den Titisee zu jeder Jahreszeit eine Reise wert ist, haben sich die Platzbetreiber gerade für Wintercamper allerhand einfallen lassen. So kann man zum Beispiel bei Schnee bequem in die hauseigenen Loipen einsteigen! Diese sind auch für Anfänger und Kinder gut geeignet. Snowboarden, Rodeln oder Eislaufen sorgen für das Winter-Wow.
Für alle, die Weihnachten und Silvester hier verbringen, wird ein umfangreiches Programm geboten. Fackelwanderungen, eine Schneebar mit Glühwein und Eisstockschießen lassen in der dunklen Jahreszeit das Herz aufleuchten. Sogar einen eigenen Weihnachtsbaum kann man bekommen!
Der Platz ist ganzjährig geöffnet. Für Kurzaufenthalte gibt es einen extra Wohnmobilstellplatz.

Camping Bankenhof · Bruderhalde 31A · 79856 Hinterzarten am Titisee
Tel. 07652/13 51 · camping-bankenhof.de
GPS: 47.885889, 8.130615

↑ In der Weihnachtsbäckerei gibt es manche Bastelei.
↓ Mit viel Liebe zum Detail wurde der Abenteuerspielplatz gestaltet.

67 Jetzt wirths wild

Camper-Glück …

WEIL man sich nicht entscheiden kann, was man machen möchte

FÜR den perfekten Hier-fühl-ich-mich-wohl-Urlaub

DIE 3 MUST DOS: Fitness, Wellness, Affenberg Salem

SO WEIT DAS AUGE REICHT – überall erblickt man freudestrahlende Menschen. Kein Wunder, denn aktives Bewegungsprogramm, kulinarische Spezialitäten und entspannende Wellnessmomente erleben hier ein einzigartiges Zusammenspiel. Auf dem Campingplatz Wirthshof wird eine beeindruckende Fülle an Freizeitmöglichkeiten geboten. Neben Beachvolleyball, Basketball, Fußball und Tischtennis, gibt es eine Minigolfanlage sowie die Möglichkeit, sich im Pit-Pat – einer Art »Hindernis-Billard« – auszuprobieren. Am besten lässt man seine Kinder entscheiden, wo sie sich am wohlsten fühlen. Und da selbst auf dem Wirthshof nicht immer nur die Sonne scheint, gibt es neben einem fantasievoll angelegten Spielplatz mit Spielschloss am Weiher auch eine Indoor-Spielscheuer, die mit Rutschen und Klettermöglichkeiten jederzeit für Spielfreude sorgt. Das wöchentlich wechselnde Freizeitprogramm reicht von aufregenden Wettbewerben über Schatzsuchen bis zum Basteln. Bei sommerlichen Temperaturen bringt das Freibad erwünschte Abkühlung.
Rund um den Bodensee gibt es eine Vielzahl an lohnenden Ausflugszielen. Wie wäre es mit dem Affenberg in Salem? Dort kann man etwa 200 frei herumtollende Bergaffen beobachten, füttern und streicheln.

Campingplatz Wirthshof · Steibensteg 10 · 88677 Markdorf
Tel. 07544/962 70 · wirthshof.de
GPS: 47.715652, 9.409870

Freizeittipps in Baden-Württemberg

Ravensburger Kinderwelt
Bahnhofstr. 2, 70806 Kornwestheim
ravensburger-kinderwelt.de
Spiel, Spaß und Action

SENSAPOLIS
Melli-Beese-Str. 1
71063 Sindelfingen
sensapolis.de
Indoor-Freizeitpark mit Märchenschloss, Flying-Fox-Seilrutsche, Kletterwand und Wissenschaftszone

Traumland – Freizeitpark auf der Bärenhöhle
Auf der Bärenhöhle
72820 Sonnenbühl
freizeitpark-traumland.de
Direkt neben einer der bekanntesten Schauhöhlen Deutschlands

Schwaben Park
Hofwiesen 11, 73667 Kaisersbach
schwabenpark.de
Freizeiterlebnis für alle, die sich gemeinsam in ein actionreiches Abenteuer stürzen wollen

Erlebnispark Tripsdrill
Erlebnispark-Tripsdrill-Str. 1
74389 Cleebronn/Tripsdrill
tripsdrill.de
Originelle Attraktionen für die ganze Familie

Technik Museum Sinsheim
Museumsplatz, 74889 Sinsheim
sinsheim.technik-museum.de
Höher – schneller – weiter: die Meilensteine der Technikgeschichte

Europa-Park
Europa-Park-Str. 2, 77977 Rust
europapark.de
Freizeit- und Themenpark für Groß und Klein

SEA LIFE Konstanz
Hafenstraße 9, 78462 Konstanz
visitsealife.de/konstanz
Schillernde Schuppen, beeindruckende Tentakel

Wild- und Freizeitpark Allensbach
Gemeinmärk 7, 78476 Allensbach
wildundfreizeitpark.de
Top Ausflugsziel am Bodensee

Steinwasen Park
Steinwasen 1, 79254 Oberried
steinwasen-park.de
Freizeitpark südöstlich von Freiburg

Ravensburger Spieleland
Am Hangenwald 1
88074 Meckenbeuren/Liebenau
spieleland.de
Der Freizeitpark am Bodensee mit Käpt'n Blaubär, Maus & Co.

Campus Galli
Hackenberg 92, 88605 Meßkirch
campus-galli.de
Nachbildung eines mittelalterlichen Klosters – Freilichtmuseum, Baustelle und Forschungsprojekt

Steiff Museum
Margarete-Steiff-Platz 1
89537 Giengen/Brenz
steiff.com/de-de/i/steiff-museum
Erlebnismuseum mit Knopf im Ohr und begehbarem Streichelzoo

Für jedes Reitniveau wird etwas geboten.

68 Dieser See ist ein Must-See

Camper-Glück, …

WEIL es schick und schön auch ohne Schickeria ist

FÜR Schlauchboot-Kapitäne & kleine Landmäuse

DIE 3 MUST DOS: SUP-Yoga, Grillen, Schloss Seefeld

DER KLEINE BRUDER DES AMMERSEES ist der Pilsensee. Deutlich weniger bekannt und sehr viel weniger frequentiert, aber dennoch im Herzen der Naherholungs- und Freizeitregion München gelegen. Viele Badeplätze gibt es nicht, das Ufer ist meist unverbaut. Auch Surfer sind am Pilsensee kaum zu finden – die nahezu spiegelglatte Wasseroberfläche verbreitet eine fast meditative Stimmung. Der perfekte Ort, um mit dem SUP-Board entspannte Runden zu drehen.

Fernab vom Trubel, ist der Campingplatz am Pilsensee das richtige Ziel für alle, die sich entschleunigte Tage inmitten einer idyllischen Umgebung wünschen.

Ob kleine Schnecke oder feuriger Wildfang – hier findet jedes Kind die passende Beschäftigung. Mit Papa Fußballspielen. Mit Mama im See planschen. Spaß verspricht auch die Schwimmplattform in der Nähe des Ufers. Neue Freundschaften sind zwischen Schaukel, Rutsche und Klettergerüst schnell geknüpft. Auf der Zeltwiese gibt es zwei Grillstellen, an denen es sich behaglich zusammensitzen lässt. Der unterhalb von Schloss Seefeld gelegene Platz bietet ausreichend Möglichkeiten zur Selbstversorgung. Ein Restaurant zaubert schmackhafte regionale Gerichte.

Nach München sind es mit der Bahn knapp 45 Minuten.

Camping am Pilsensee · Am Pilsensee 2 · 82229 Seefeld
Tel. 08152/99 97 41 · camping-pilsensee.de
GPS: 48.029349, 11.196824

↑ Die Region rund um den Pilsensee lässt sich prima mit dem Rad erkunden.
↓ Beim Baden im glasklaren Wasser kommen alle auf ihre Kosten.

Klettern, Biken, Wandern ...
Ein super Basislager
für Sportbegeisterte.

69 Urlaub im Zwei-Seen-Land

Camper-Glück, …

WEIL Camping in Kochel Magie bedeutet

FÜR Gipfelstürmer & Natur-Camper

DIE 3 MUST DOS: Renken fischen, Berg erklimmen, Therme besuchen

VON URFELD KOMMEND, befindet sich der Parkplatz an der Kesselbergstraße auf der linken Seite. Schnell sind die Wanderschuhe gebunden und die Rucksäcke geschultert. Der Jochberg ruft. Wer es bis zum Gipfelkreuz auf 1565 Metern schafft, wird mit einem grandiosen Ausblick belohnt. Auf der einen Seite schaut man hinab zum Kochelsee und auf die nahezu ebene Voralpenlandschaft. Zur Linken präsentiert sich in den schönsten Grüntönen der Walchensee. Die Berg-Erkennungs-App weiß: Dahinter liegt das Wettersteingebirge mit der Zugspitze.

Urlaub am südlichsten Zipfel Deutschlands – da dürfen Berge natürlich nicht fehlen. Klettertouren unternehmen, Höhenluft schnuppern, aufregende Wanderungen machen – rund um Kochel ist man eigentlich den ganzen Tag in Bewegung.

Der direkt am Kochelsee gelegene Natur-Campingplatz Renken bietet neben 40 Standplätzen jede Menge tolle Momente. Kinder können sich im Niederseilgarten austoben – während sich die Erwachsenen im Biergarten von ihrer Bergtour erholen. Eine Runde Paddeln, Renken fischen oder Sonne tanken am Badestrand wäre aber auch nicht zu verachten … Durch den Bachzulauf können auch jüngere Kinder unbekümmert im Wasser planschen. Wer möchte, leiht sich ein Ruderboot, um den See zu erkunden.

Campingplatz Renken · Mittenwalder Straße 106 · 82431 Kochel am See
Tel. 08851/61 55 05 · campingplatz-renken.de
GPS: 47.639279, 11.354688

70 Wow zwischen Himmel und Höllental

Camper-Glück, …

WEIL man den allerbesten Blick auf die Zugspitze bekommt

FÜR Aktivurlauber, die schöne Aussichten mögen

DIE 3 MUST DOS: Zugspitze, Höllentalklamm, über den Zierwaldweg zum Eibsee

EINMAL ZUGSPITZE, BITTE! Der höchste Berg Deutschlands ragt gigantische 2962 Meter in die Höhe. Die Aussicht von dort oben ist sagenhaft und dank der Seilbahn muss sich niemand sein Gipfelglück hart erarbeiten. Einen echten Adrenalinkick beschert ein Besuch der Aussichtsplattform AlpspiX – immerhin thront der stählerne Steg über einem 1000-Meter-Abgrund.

Urlaub mit Blick auf Deutschlands höchsten Berg.

Im Sommer eine traumhafte Landschaft mit allem, was die Natur an Freizeitmöglichkeiten bietet, im Winter ein herrliches Skigebiet – und mittendrin ein Campingplatz, der auch gehobenen Ansprüchen gerecht wird. Im Fünf-Sterne-Camping-Resort Zugspitze werden Träume wahr – von Komfort, Erholung und Entspannung, aber auch einem vielfältigen Freizeit- und Erlebnisangebot. Die Luxus-Anlage verfügt über 75 Top- sowie 50 Premium-Stellplätze, auf Wunsch auch mit Privatbad. Wer dann noch in Richtung Süden ausgerichtet parkt, genießt den Ausblick aufs Wettersteingebirge. Klettergerüst, Rutsche und Schaukel sowie ein Spielhaus für suboptimale Tage sorgen fürs Kids-Entertainment. Einmaliger kostenloser Eintritt ins Alpspitz Wellenbad sowie ins Zugspitzbad gewährt die Gästekarte. Wann immer man seinen Urlaub hier verbringt: Die platzeigene Wellness- und Fitnesslandschaft tut immer gut.

Camping Resort Zugspitze · Griesener Str. 9 · 82491 Grainau
Tel. 08821/943 91 15 · perfect-camping.de
GPS: 47.478225, 11.054279

↑ Am Waginger See findet man sich inmitten der Natur wieder.
↓ Eine durch und durch familienfreundliche Campinganlage.

71 Die angenehme Qual der Wahl

Camper-Glück, …

WEIL hier Power angesagt ist

FÜR Wasserratten & Sonnenanbeter

DIE 3 MUST DOS: Kiten, Segeln, Windsurfen

DAS »BAYERISCHE MEER« IST EIN PARADIES für Wassersportler. Wer schon immer einmal Kiten, ein steiles Segelboot-Selfie machen oder seinen Surferlook der Insta-Gemeinde präsentieren wollte: am Chiemsee ist die perfekte Kulisse dafür! An einem der schönsten Seen Deutschlands kann sich die ganze Family einmal so richtig austoben. Dann geht es weiter – zum im Sommer mit Wassertemperaturen von bis zu 27 °C wärmsten See Oberbayerns! Atemberaubende Natur und ein Bergpanorama, das aus den Badelatschen haut, kennzeichnen den Waginger See. Wasserratten und Sonnenanbeter dürfen sich zwischen sechs Strandbädern entscheiden. Wer den See auf eigene Faust erkunden möchte, schnappt sich ein Boot oder SUP-Board.
Für Gäste, die in ihren »eigenen vier Wänden« übernachten, bietet der Strandcampingplatz Waging am See alles, was das Herz begehrt. Auf dem weitläufigen Wiesengelände mit altem Baumbestand gibt es Plätze mit Blick zum See oder auf die Berge. Die angenehme Qual der Wahl …
Das Aktiv- und Unterhaltungsangebot ist riesig und nicht nur für Kinder geeignet. In der Umgebung gibt es vom Reiterhof bis zum Lama-Trekking so ziemlich alles, was einem einfallen kann. Und Salzburg ist nicht weit, ein Tagesausflug schnell realisiert.

Strandcamping Waging am See · Am See 1 · 83329 Waging am See
Tel. 08681/552 · strandcamp.de
GPS: 47.939557, 12.747387

72 Zwischen Superlativ und Bescheidenheit

Camper-Glück, …

WEIL auch Kinder einmal Stress abbauen müssen und zur Ruhe kommen dürfen

FÜR Gipfelstürmer & alle, die dem Himmel einmal ganz nah sein wollen

DIE 3 MUST DOS: Wendelsteinhöhle, Kühe streicheln, Traktor fahren

OB MIT DER SEILBAHN, der Zahnradbahn oder zu Fuß – der Wendelstein bietet ein bombastisches Bergerlebnis. Der Berg ragt 1838 Meter in die Höhe und befindet sich im östlichen Teil der Bayerischen Voralpen. Oben angekommen, gibt es viel zu entdecken: beispielsweise Deutschlands höchstgelegene Schauhöhle oder die höchstgelegene Kirche Deutschlands. Das Gipfelpanorama ist absolut Insta-tauglich: Hier findet jeder seinen perfekten Foto-Spot.

Nach so vielen Superlativen sehnt man sich nach mehr Beschaulichkeit drunten im Tal. Camping auf dem Bauernhof – mit Wiesen, Feldern, Tieren und allem, was dazugehört – kommt da genau richtig. Hof Gottenau ist ein Bauernhof zum Mitmachen. Die ganze Familie ist herzlich eingeladen, sich an den täglich anfallenden Arbeiten zu beteiligen. Der Umgang mit den Tieren – deren Pflege, das Füttern und natürlich auch die Kuscheleinheiten – macht allen viel Spaß. Unter fachkundiger Anleitung beschäftigen sich selbst hartgesottene Stadtkinder mit Kühen, Ziegen und Ponys. Motorische Fähigkeiten werden spielerisch trainiert, die Kinder geschickter im Umgang mit Arbeitsgeräten. Ein eigener Reitplatz und geführte Wanderungen hoch zu Ross kreieren zudem unvergessene Glücksmomente.

Hof Gottenau · Gottenau 1 · 83730 Fischbachau (OT Hundham) · Tel. 08028/21 64 · hof-gottenau.de/camping
GPS: 47.755884, 11.929784

↑ Mit viel Liebe werden die Kühe umsorgt und mit Bio-Futter verpflegt.
↓ Auf dem Hof stehen Pferde für Ausritte und Reitkurse bereit.

↑ Eingebettet in die wunderschöne Allgäuer Natur, liegt der obere Lechsee.
↓ Das weitläufige Gelände erstreckt sich malerisch entlang der Uferlinie.

73 Für die magischen Momente im Leben

Camper-Glück, ...

WEIL man sich wie im Märchen fühlt

FÜR Märchenerzähler & Romantiker

DIE 3 MUST DOS: Schloss Neuschwanstein, interaktiver Spielplatz, Moorbad

TÜRMCHEN UND ERKER WIE ZUCKERGUSS: Wer beim Anblick von Schloss Neuschwanstein an den US-amerikanischen Trickfilmzeichner und Filmproduzenten Walt Disney denkt, liegt nicht völlig falsch. Erdacht und erbaut wurde das Schloss, das eindrucksvoll auf einem Felsen bei Füssen thront, zwar vom bayerischen König Ludwig II., tatsächlich aber diente das Schloss später als Vorlage für das Dornröschenschloss in Disneyland. Schloss Neuschwanstein ist ein absolutes Must-See, das Besuchern jeder Altersstufe eine märchenhafte Zeit beschert.

Gerade mal eine halbe Stunde Fahrzeit weiter, empfängt Via Claudia Camping seine Gäste mit familiärer Freundlichkeit. Gelegen an der einzigen römischen Kaiserstraße über die Alpen – der Via Claudia Augusta –, erstreckt sich das weitläufige Areal entlang der Uferlinie des smaragdgrünen Lechsees. Großzügige Parzellen bieten viele Entfaltungsmöglichkeiten.

Bei Spiel, Spaß und Sport lässt sich die umgebende Natur genießen. Der Baderwäldlesee – ein platzeigenes Gewässer mit angenehm warmem Moorwasser – liegt nur wenige Gehminuten oberhalb vom Platz. Ob aufregende Nachtwanderung, spannendes Bogenschießen, knisternde Lagerfeuerromantik mit Stockbrot oder schweißtreibendes Sportturnier – hier macht eigentlich alles Spaß.

Via Claudia Camping · Via Claudia 6 · 86983 Lechbruck am See
Tel. 08862/84 26 · via-claudia-camping.de
GPS: 47.712777, 10.819799

74 Camping mit Leben, Farbe und Natur

Camper-Glück, …

WEIL die Natur der bessere Spielplatz ist

FÜR Glücksjäger & Entdecker

DIE 3 MUST DOS: Bio-Schaugarten, Marissas Ponyhof, Ballonfahrt

IHR WOLLT MIT WELLENRAUSCHEN im Ohr die Sonne genießen? Barfuß am Strand ein Wettrennen veranstalten und voller Freude von der Luftmatratze ins Wasser springen?
Mit seiner attraktiven Lage zwischen Bodensee, Allgäu und Oberschwaben ist der Campingpark Gitzenweiler Hof im Norden der bayerischen Inselstadt Lindau ein beliebter Ort für Familien. Zahlreiche Attraktionen und Naturschönheiten in nächster Umgebung, und das vor einer beeindruckenden Bergkulisse – damit punktet der Gitzenweiler Hof nicht nur bei Campern. Auch Wanderer, Bergsteiger und Biker schlagen hier gerne ihre Zelte auf. Oder man schwebt einfach mal über den Dingen: Die volle Schönheit der Region erlebt man am besten bei einer Ballonfahrt.
Das beheizte Freibad mit Liegewiese ist der Renner bei den Kids. Im Bio-Schaugarten oder auf Marissas Ponyhof mit kleinem Streichelzoo lernen sie spielerisch die Natur kennen. Im Aktivprogramm können Kinder bei sportlicher Action und lustigen Spielen Energie verpulvern und neue Ferienfreunde kennenlernen. Für Jugendliche und Erwachsene gibt es zusätzlich altersgerechte Angebote.
Sollte das Wetter nicht so mitspielen, lohnt ein Besuch in einer der zahlreichen Thermen am See. Der Gitzenweiler Hof ist nur zehn Fahrminuten vom Bodensee entfernt.

Campingpark Gitzenweiler Hof · Gitzenweiler 88 · 88131 Lindau (Bodensee)
Tel. 08382/949 40 · gitzenweiler-hof.de
GPS: 47.584592, 9.704705

Eine Fahrt mit dem knallgelben Ballon bietet traumhafte Perspektiven.

↑ Die Kleinen sind so groß wie Frankfurts höchste Bankentürme.
↓ Campern stehen die Freizeitaktivitäten des Feriendorfes zur Verfügung.

75 Der Platz, an dem Träume wahr werden

Camper-Glück …

WEIL hier das größte LEGO®-Gebäude der Welt steht

FÜR Parkplatzurlauber & Menschen mit dicker Hornhaut an den Füßen

DIE 3 MUST DOS: Feuerdrache, Käpt‘n Nicks Piratenschlacht, Ninjago World

ÜBER 4000 STUNDEN HAT ES GEDAUERT, dann war das größte Stadion seiner Art endlich fertig! In Günzburg, 30 Kilometer von Ulm entfernt, steht seither die Münchner Allianz Arena – im Maßstab 1:50 erbaut aus mehr als 1 Million LEGO®-Steinen. Um deren Außenhülle realitätsnah darzustellen, wurde extra ein speziell lichtdurchlässiger Baustein entwickelt. Das Gebäude kann so in den Farben Rot, Blau und Weiß beleuchtet werden – fast wie das Original.

Jeder Erwachsene weiß, wie schmerzhaft es ist, mit nacktem Fuß auf eines dieser bunten Klötzchen zu treten. Warum also sollte man sich an einen Ort begeben, an dem 55 Millionen dieser Fieslinge nur darauf zu warten scheinen, einen zu foltern? Vielleicht, weil sie sich zu einem der besucherstärksten Freizeitparks Europas vereint haben und Kinder glänzende Augen bekommen, wenn sie nur das L-Wort hören. Möglicherweise macht es sogar richtig Spaß, im LEGOLAND® Deutschland zwischen High Five, Mainhattan und Schloss Neuschwanstein zu flanieren …

Der LEGOLAND® Feriendorf Campingplatz ist vollumfänglich auf Besucher des angrenzenden Freizeitparks ausgerichtet. Es gibt 175 Stellplätze auf leicht geneigtem Untergrund. Was soll man also schon groß sagen – außer vielleicht: »Vorsicht beim Barfußlaufen!«

LEGOLAND® Feriendorf Campingplatz · Legoland-Allee 3
89312 Günzburg · Tel. 0180/622 57 89 · legolandholidays.de
GPS: 48.427147, 10.30546

76 »Gesdan woa i fei o scho hia«

Camper-Glück, …

WEIL es Urlaub im Doppelpack gibt: auf dem Bauernhof und am Wasser

FÜR Tierfreunde & Wasserratten

DIE 3 MUST DOS: Alpaka kuscheln, Kälbchen füttern, Wakeboarden

AB IN DEN STALL! RAUF AUFS WASSER! Der Mohrenhof Franken bietet unendliche Möglichkeiten, den Tag zu verbringen. Und dabei gibt es so viel zu entdecken und zu bestaunen. Denn Familie Mohr betreibt neben dem Campingplatz mit kleinem Erlebnisdorf auch einen voll bewirtschafteten Bauernhof.

Der Hit für Kids sind die Tiere zum Anfassen und Füttern, die vielen Spielzeuge, eine beheizte Spielscheune, die Hobbywerkstatt und das bunte Kinderprogramm in den Ferien. Außerdem können sie Ponyreiten, über die Tubing- und E-Scooter-Bahn sausen, mit Alpakas kuscheln oder ein Familienturnier auf der 9-Loch-Adventure-Golfanlage austragen.

Auf dem idyllisch von Zelt- und Liegewiesen umgebenen Badeweiher geht es zum SUPen, Kanufahren, Luftmatratzen-Chillen oder einfach nur Planschen. Am Strand wartet weiteres Vergnügen mit Beachvolleyball, Hängematten, Spielplätzen und Lagerfeuerstellen zum wildromantischen Zusammenhocken. Spaßgarantie und echtes Suchtpotenzial ist außerdem am Wakeboard-Lift am Rande der Freizeitanlage garantiert.

Fürs leibliche Wohl sorgen der urige Biergarten und die kleine Seekneipe mit regionaler Landesküche. Immer mit dabei: eine Portion fränkische Herzlichkeit. Der Platz ist ganzjährig geöffnet.

Mohrenhof Franken · Lauterbach 3 · 91608 Geslau
Tel. 09867/97 86 09 · mohrenhof-franken.de
GPS: 49.345395, 10.321002

↑ Wer sich traut, darf dem Kälbchen die Flasche geben.
↓ Absolut schräg: Golfen am Hang, über Hindernisse und Brücken.

↑ Der Waldcampingplatz ist ein 14 Hektar großes Paradies.
↓ Kleine Campinggäste dürfen kostenfrei Ponyreiten.

77 Grüne Wälder und blaue Wasser

Camper-Glück, ...

WEIL er ein »Must-See« im Fränkischen Seenland ist

FÜR Waldläufer & Wasserverrückte

DIE 3 MUST DOS: auspowern, ausspannen, auftanken

DEN GANZEN TAG AM HANDY DADDELN? Das kann man auch, wenn man wieder zu Hause ist. Camper packen und los gehts! Raus ins Fränkische Seenland!

Wild auf den Wellen reiten. Im Boot relaxen. Ins kühle Wasser tauchen. Am Großen Brombachsee fällt es leicht, den Familienurlaub mit einer Prise sportlicher Aktivität aufzupeppen. Windsurfen, Kiten, Wakeboarden, SUPen, Kajakfahren – hier treffen viele Wassersportarten aufeinander. Die Ufer sind größtenteils naturbelassen, frei zugänglich und bestens erschlossen. Familien mit kleinen Kindern wissen die schattigen Liegewiesen und das saubere Wasser zu schätzen. Im Sand matschen. Auf dem Spielplatz toben. In der Sonne dösen. Eis schlabbern. Alles kein Problem!

Einen solch aktiven Urlaubstag im Wald ausklingen zu lassen, hört sich nicht nur nach einer guten Idee an – es ist auch eine! Begleitet vom Duft des umgebenden Kiefernwaldes, läuft man entspannte 20 Minuten zurück zum Campingplatz. Inmitten dieser abgeschiedenen, erholsamen Umgebung bietet Waldcamping Brombach auf 14 Hektar viel Platz zur Selbstentfaltung. Kurz und gut: Dieser Ort ist ein Kinderparadies! Ein Abenteuerspielplatz lädt zum Toben ein, ein buntes Freizeitprogramm sorgt für Abwechslung. Ganzjährig geöffnet.

Waldcamping Brombach e. K. · Sportpark 13 · 91785 Pleinfeld
Tel. 09144/60 80 90 · waldcamping-brombach.de
GPS: 49.113518, 10.964700

78 Rodeln und Skifahren auf der Halde

Camper-Glück, …

WEIL man nicht in die Alpen reisen muss, um Berge zu sehen

FÜR Fun-Sport-Freunde

DIE 3 MUST DOS: Sandski, Coaster, Klettern

EIN WEISSER BERG inmitten eines Industriegebiets?! Was erst mal wenig verlockend klingt, ist in Wirklichkeit ein echter Publikumsmagnet. Rund 150 Meter hoch ragt er in den Himmel und bietet einen sagenhaften Blick ins Umland. 30 Millionen Tonnen Sand aus den benachbarten Kaolingruben machen im Sommer das möglich, wozu man im Winter üblicherweise Schnee braucht: Skifahren, Rodeln, Boarden. Dieser Quarzsandberg – einer der höchsten Europas – ist der Namensgeber für den Erlebnis- und Campingpark: Monte Kaolino. Die Loipe ist auch nachts geöffnet, dann bei Lagerfeuer und Barbetrieb.

Rund um den Berg zieht sich eine Coaster-Bahn. Ein Schlitten bringt die Adrenalin-Junkies bis ganz nach oben, hinab ins Tal brettert man die 800-Meter dann über mehrere Jumps und Wellen sowie sechs atemberaubende 180-Grad-Kurven. Endlich können auch die Großen mal so richtig Gas geben. Welch ein Fun!

Segway-Touren, ein Hochseilgarten, Adventuregolf und eine Skaterstrecke verhindern erfolgreich jede Art von Langeweile. Ebenso das Dünenbad, das mit feinem Sandstrand lockt. Eine Wasserrutsche, ein Erlebnisbecken und eine überdachte Wasserlandschaft für die Minis sorgen für Spaß, eine Bahnlänge von 25 Metern macht die Becken aber auch für Schwimmer attraktiv.

Camping Monte Kaolino · Wolfgang-Droßbach-Str. 114 · 92242 Hirschau
Tel. 09622/815 02 · montekaolino.eu
GPS: 49.531138, 11.964839

↑ Die 50-Meter-Wasserrutsche vom Dünenbad ist ein Highlight der Region.
↓ Wie eine gigantische Düne erhebt sich der Monte Kaolino vor den Besuchern.

↑ Naturbelassene Wiesen bieten Camping in ursprünglicher Form.
↓ Die großzügige Outdoor-Spiellandschaft begeistert.

79 So bunt und vielseitig wie das Leben

Camper-Glück, ...

WEIL unvergessliche gemeinsame Erlebnisse geschaffen werden

FÜR den perfekten Spiel-, Spaß- & Abenteuerurlaub

DIE 3 MUST DOS: Outdoor-Spiellandschaft, Thermalbad, Spa

DAS VITAL CAMP BAYERBACH im Bäderdreieck Rottal begrüßt seine Gäste mit warmherziger niederbayerischer Gastfreundschaft. Insgesamt verfügt das Wellness- und Ferienresort über 330 komfortable Panorama-Standplätze.
Umgeben von Feldern und bewaldeten Hügeln laden gleich drei glasklare Naturseen mit Wasserfontäne, Insel und gemütlicher Liegewiese zum Badespaß ein – und machen den Ort zu einem idealen Reiseziel für Familien.
Während die Erwachsenen sich ausruhen, animiert eine Outdoor-Spiellandschaft den Nachwuchs zum Toben, Klettern, Schaukeln oder Buddeln. Weitere Angebote – unter anderem Ponyreiten, Fußballcamp, Bastel-Workshops, Naturschatzsuche, Mini-Disco und vieles mehr – sorgen für bleibende Erinnerungen und dafür, dass die Kleinen abends happy ins Bett fallen.
Wenn das Wetter einmal nicht mitspielt, verspricht das hauseigene Thermalhallenbad Entschleunigung. Und sollten sich die Erwachsenen nach mehr Achtsamkeit sehnen, dann ist eine Auszeit im Spa sicherlich genau das Richtige. Die Camper-Küche kann kalt bleiben, denn der Familiengasthof verwöhnt mit regionalen Schmankerln. Aktivurlauber werden begeistert sein: egal, ob Wandern, Radfahren, Golf oder Tennis – rund um Bayerbach wird jeder glücklich.

Vital CAMP Bayerbach · Huckenham 11 · 94137 Bayerbach
Tel. 08532/927 80 70 · vitalcamping-bayerbach.de
GPS: 48.416610, 13.126482

80 Abenteuer in Bayerisch Kanada

Camper-Glück, …

WEIL man weit weg vom Rest der Welt ist

FÜR Individualisten & Abenteurer

DIE 3 MUST DOS: Floßbau, Klettern, Survival-Training

DIE GEGEND RUND UM VIECHTACH ist so schön, dass sich mittlerweile der Begriff »Bayerisch Kanada« etabliert hat. Egal, ob Berge, Flüsse, Seen, Wiesen oder Wälder: Der Besucher findet dort eine nahezu unberührte Landschaft – inklusive aller Freizeitmöglichkeiten, die die freie Natur so zu bieten hat.

Das Adventure Camp Schnitzmühle fällt ein wenig aus dem Rahmen. Die Mischung aus Natur, Professionalität und einer zeitgemäßen Aufmachung beeindruckt nachhaltig. Auf der zwei Hektar großen, sehr naturnahen Anlage direkt am Ufer des Schwarzen Regens stehen etwa 63 Standplätze sowie eine große Zeltwiese zur Verfügung. Der Strom für den gesamten Campingplatz stammt dabei aus dem hauseigenen kleinen Wasserkraftwerk!

Auch wenn hier die persönliche Entfaltung an erster Stelle steht, mangelt es keinesfalls an Freizeitangeboten. Ganz im Gegenteil: Die dargebotenen Kurse und Unternehmungen zeichnen sich durch eine charmante Ursprünglichkeit aus. Floßbau, Klettern, Jagen und ein Survival-Training klingen schon anders als das übliche Bastelprogramm – und zwar nach Abenteuer.

Für das leibliche Wohl der Gäste sorgt zum einen die Bongo-Bar am Strand und zum anderen das Restaurant Thai-Bay mit einer Auswahl an thailändisch-bayerischen Gerichten.

Adventure Camp Schnitzmühle · Schnitzmühle 1 · 94234 Viechtach
Tel. 09942/948 10 · schnitzmuehle.de
GPS: 49.06839, 12.913513

↑ Das Adventure Camp liegt eingebettet zwischen zwei Flüssen.

↓ Es gibt in jedem Winkel Abenteuer für Familien zu erleben.

Kreativspiele im Strandcamping Waging am See

Freizeittipps in Bayern

SEA LIFE München
Willi-Daume-Platz 1
80809 München
visitsealife.de/muenchen
Faszinierende Meereswelt im Herzen Bayerns

FC Bayern Museum
Werner-Heisenberg-Allee 25
80939 München
fcbayern.de/museum
Der Verein und seine Geschichte in Deutschlands größtem Vereinsmuseum

Bavaria Filmstadt
Bavariafilmplatz 7
82031 Geiselgasteig
filmstadt.de
Film und Fernsehen und die Familie

Märchenwald im Isartal
Kräuterstr. 39
82515 Wolfratshausen
maerchenwald-isartal.de
Freizeitpark im Wald mit Fahrgeschäften und Attraktionen, Spielplätzen und Kindereisenbahnen

Freizeitpark Ruhpolding
Vorderbrand 7, 83324 Ruhpolding
freizeitpark.by
Märchenhafter Familienspaß

Dinosaurier-Park Altmühltal
Dinopark 1, 85095 Denkendorf
dinopark-bayern.de
Wissenschaft erleben – Erkenntnisse erfühlen – Tatsachen begreifen

Jimmy's Fun Park
Laimeringer Str. 1, 86453 Dasing
jimmys-funpark.de
Attraktionen auf über 3500 m² Spielfläche

Allgäu Skyline Park
Skyline-Park-Str. 1
86871 Rammingen
skylinepark.de
Raus aus dem Alltag, rein ins Vergnügen – Bayerns größter Freizeitpark

Skywalk Allgäu Naturerlebnispfad
Oberschwenden 25
88175 Scheidegg
skywalk-allgaeu.de
Barrierefreier Baumwipfelpfad – Naturerlebnis pur

LEGOLAND® Deutschland
Legoland-Allee 1, 89312 Günzburg
legoland.de
Großartige Abenteuerwelten

PLAYMOBIL®-FunPark
Brandstätterstr. 2–10
90513 Zirndorf
playmobil-funpark.de
PLAYMOBIL®-Spielwelten im Großformat

Jump4All Fürth
Sportplatz 13, 90579 Langenzenn
jump4all.de/fuerth-langenzenn
Jumpen in der Metropolregion Fürth

Teufelshöhle Pottenstein
B470, 91278 Pottenstein
pottenstein.de/startseite-teufelshoehle
Bizarre Unterwelt, Eintauchen ins Abenteuer

Erlebnispark Schloss Thurn
Schlossplatz 4, 91336 Heroldsbach
schloss-thurn.de
Sensationen und Attraktionen, Ruhe und Entspannung

Churpfalzpark Loifling
Churpfalzweg 6, 93455 Traitsching
churpfalzpark.de
Bayerns einzigartiger Vergnügungspark im Blumenmeer

Rodel- und Freizeitparadies St. Englmar
Grün 10, 94379 Sankt Englmar
sommerrodeln.de
Rodelspaß im Bayerischen Wald

Bayern-Park
Fellbach 1, 94419 Reisbach
bayern-park.de
Einer der schönsten Freizeitparks in Bayern

Westernstadt Pullman City
Ruberting 30, 94535 Eging am See
pullmancity.de
Die »lebende Westernstadt« in Bayern

Freizeit-Land Geiselwind
Wiesentheider Str. 25
96160 Geiselwind
freizeit-land.de
Über 100 Attraktionen im flächenmäßig größten Freizeitpark Bayerns

Fun beim Waldcamping Brombach

Register

Bildnachweis

Alle Abbildungen des Umschlags und des Innenteils stammen von der Autorin mit Ausnahme von: Titelbild, Autorenportrait C. Harder und S. 106: Tiago Phelipe, S. 5: Stephan Sievers, S. 7 und 145 o.: Marc Himmel, S. 8: Camping & Ostseeferienpark Walkyrien, S. 10/11: Rosenfelder Strand Ostsee Camping, S. 12 und 27: Andreas Sewald, S. 15: Christofer Tesch, S. 16: Insel-Camp Fehmarn, S. 19: Naturcamping Spitzenort, Florian Kuhnt, S. 20: FB Camping, S. 23: Dünencamping Amrum, S. 24: Ostsee-Campingplatz Familie Heide, S. 26: Rosenfelder Strand Ostsee Camping, S. 28/29: CampingPlatz Ecktannen, S. 30: ZweiSeen.de / Stefanie Harnau, S. 33: Haveltourist GmbH & Co KG, S. 34: NaturCampingplatz »Zum Hexenwäldchen«, S. 37: Campingplatz »Bolter Ufer« C15, S. 39: Familien-Campingplatz Pommernland, S. 40: Camping Ostsee – Campingpark Rerik, S. 43: Campingpark Kühlungsborn GmbH, S. 44: Campingpark Kühlungsborn GmbH, S. 45: Camping Stover Strand, S. 46: Camping Stover Strand, S. 49: Kurverein Neuharlingersiel e.V. / Martin Stöver, S. 50 und 64: Rieke Meiners, S. 52: FB Camping, S. 54: Arek Marud, S. 56/57: Florian Busch, S. 58: Südsee-Camp, S. 61: Danny Rothe, S. 62: Solveig Junger, S. 65: Miriam Sert-Winterboer, S. 67: Zweckverband Lausitzer Seenland Brandenburg / Harry Müller, S. 70, und 79: Campingpark Sanssouci / Freizeit-recra GmbH, S. 72: Blütencamping Riegelspitze, Gianna Meier, S. 75: Campingpark Buntspecht, S. 76: Tropical Islands, S. 78: Willi Löben, S. 80: Camping Borken am See, S. 83: Campingpark Kerstgenshof, S. 84 und 92: Campingpark Heidewald, S. 86 und 87: Camping Hümmlinger Land, S. 88: Katja Ellinger, S. 91 und 93: Camping Gut Klaberschnacke, S. 94: Camping- und Ferienpark Teichmann, S. 97 o.: Moritz Zinn, S. 97 u.: Jonas Seemann (ahoi design), S. 98: Barbara Schneider Photographie, S. 101: Camping Ulmbachtalsperre, S. 105: Terrassencamping Schlierbach, S. 107: Camping- und Ferienpark Teichmann, S. 113 und 119: LuxOase Camping- & Freizeitpark, 114 o. und 118: Stephanie Hirschkorn / Sarah Bichel, S. 114 u.: Sarah Bichel, S. 117: Steffen Seim, S. 120: Camping Harfenmühle, Sven Moschitz photography, S. 123: Hr. Möhn, S. 124 und 135: Mosel Islands GmbH & Co. KG, S. 126/127 und 134: Camping am Mühlenteich, S. 128: Camping Historische Mühle Vogelsang, S. 131: Camping im Eichelwald, S. 132: Frank Rauber, S. 137: Erholungsanlage St. Leoner See, S. 138: Odenwald river camp, S. 140: Hofgut Hopfenburg, S. 142: Pierre Michael, S. 145: Ferienparadies Schwarzwälder Hof, S. 146: Europa-Park GmbH & Co Mack KG, S. 150 und 161: Camping Münstertal, S. 153: Campingplatz Kirnermarteshof, S. 154: Kur Erlebnis Campingpark Lug ins Land, S. 156/157: Camping Bankenhof GmbH, S. 158: Campingplatz Wirthshof, S. 163: Camping am Pilsensee, Dominik Haf, S. 164: Campingplatz Renken, Tom Langer, S. 166/167: Marc Gilsdorf Fotografie, S. 168 o. und 188: Strandcamping Waging am See, S. 168 u.: Tourist Info Waging, S. 171: Hof Gottenau, S. 172: Via Claudia Camping, S. 175: Campingpark Gitzenweiler Hof, S. 176: LEGOLAND® Deutschland Resort, S. 179: Mohrenhof Franken, S. 180 und 189: Waldcamping Brombach e. K., S. 183: Stadt Hirschau / Gerd Huster, S. 184: Vital CAMP Bayerbach, Florian Weichselbaumer, S. 187: Adventure Camp Schnitzmühle

Umschlagvorderseite: Anglerwiese im Campingpark Gedern
Umschlagrückseite: Naturcamping Plön (S. 18); Insel-Camp Fehmarn (S. 18)

Impressum

Verantwortlich: Kerstin Thiele
Lektorat: Christian Schneider
Layout: Elke Mader
Kartografie: Huber Kartografie
Repro: LUDWIG:media
Herstellung: Anna Katavic
Printed in Slovenja in Florjancic

★★★★★

Sind Sie mit diesem Titel zufrieden? Dann würden wir uns über Ihre Weiterempfehlung freuen. Erzählen Sie es im Freundeskreis, berichten Sie Ihrem Buchhändler oder bewerten Sie bei Onlinekauf. Und wenn Sie Kritik, Korrekturen, Aktualisierungen haben, freuen wir uns über Ihre Nachricht an Bruckmann Verlag, Postfach 40 02 09, D-80702 München oder per E-Mail an lektorat@verlagshaus.de.

Unser komplettes Programm finden Sie unter

www.bruckmann.de

Alle Angaben dieses Werkes wurden von der Autorin sorgfältig recherchiert und auf den neuesten Stand gebracht sowie vom Verlag geprüft. Für die Richtigkeit der Angaben kann jedoch keine Haftung übernommen werden, weshalb die Nutzung auf eigene Gefahr erfolgt. Insbesondere bei GPS-Daten können Abweichungen nicht ausgeschlossen werden. Sollte dieses Werk Links auf Webseiten Dritter enthalten, so machen wir uns die Inhalte nicht zu eigen und übernehmen für die Inhalte keine Haftung.

In diesem Buch wird aus Gründen der besseren Lesbarkeit das generische Maskulinum verwendet. Weibliche und anderweitige Geschlechteridentitäten werden dabei ausdrücklich mitgemeint, soweit es für die Aussage erforderlich ist.

Die Deutsche Nationalbibliothek verzeichnet diese Publikation in der Deutschen Nationalbibliografie; detaillierte bibliografische Daten sind im Internet über http://dnb.d-nb.de abrufbar.

© 2022 Bruckmann Verlag GmbH
Infanteriestraße 11a
80797 München

ISBN 978-3-7343-2506-9